Helen Heinemann mit Carola Kleinschmidt

ZU ERSCHÖPFT, UM WÜTEND ZU SEIN

**HELEN HEINEMANN
MIT CAROLA KLEINSCHMIDT**

ZU ERSCHÖPFT, UM WÜTEND ZU SEIN

Endlich aufatmen, abgeben & aufleben

Was sich ändern muss, damit Mütter zu neuer Freiheit finden

KÖSEL

Der Verlag behält sich die Verwertung der urheberrechtlich geschützten Inhalte dieses Werkes für Zwecke des Text- und Data-Minings nach § 44 b UrhG ausdrücklich vor. Jegliche unbefugte Nutzung ist hiermit ausgeschlossen.

Penguin Random House Verlagsgruppe FSC® N001967

Copyright © 2023 Kösel-Verlag, München,
in der Penguin Random House Verlagsgruppe GmbH,
Neumarkter Str. 28, 81673 München
Redaktion: Dr. Katharina Theml, Büro Z, Wiesbaden
Umschlaggestaltung: FAVORITBUERO, München
Umschlagmotiv: Shutterstock.com (Natur19; Net Vector; Iryna Shek; mentalmind)
Innenabbildungen: Shutterstock.com (S. 21: Iryna Shek; S. 75: mentalmind; S. 103: Natur19), stock.adobe.com (S. 223: Good Studio)
Satz: Satzwerk Huber, Germering
Druck und Bindung: GGP Media GmbH, Pößneck
Printed in Germany
ISBN 978-3-466-31215-3

www.koesel.de

Inhalt

Mütter am Limit – Meine Wut und mein Entsetzen 7

Teil I
Warum Muttersein heute immer noch eine Falle ist 21

»Mit der Schwangerschaft hörte mein Körper auf, mir zu gehören« – Der Verlust körperlicher Selbstbestimmung 24

»Alles dreht sich nur noch ums Kind« – Der Verlust geistiger Selbstbestimmung 36

»Ich fühle mich wie eine Sklavin« – Der Verlust zeitlicher Selbstbestimmung 41

»Plötzlich war ich raus« – Der Verlust von Sichtbarkeit ... 49

»Ich komme in meinem Leben nicht vor« – Der Verlust von Teilhabe 56

»Beruflich bin ich erst mal abgehängt« – Der Verlust von persönlicher Entwicklung und Karriere 64

»Meine Rente? Da will ich gar nicht dran denken!« – Der Verlust von Ansehen, Geld und Macht 69

Teil II
Warum wir uns immer wieder fangen lassen 75

Kleine Vorteile für die Mütter 82

Doppelter und dreifacher Nutzen für die Väter 89

Üppiger Profit für die kapitalistische Gesellschaft 95

Teil III
Wie wir da gemeinsam rauskommen 103

    Sich wieder gut fühlen – Kraftquellen für Mütter 112

    Liebe leben – Zusammenstehen und Raum lassen 145

    »Oh wie schön ist Panama« – Erholsame Familienzeiten 164

    Gemeinsam statt einsam – Mit den Nachbarn Dörfer in den Städten schaffen 186

    Change Management – Work-Life-Balancing neu gedacht 198

    Nicht aufgeben! – Gesellschaftspolitische Forderungen 212

Teil IV
Die neue Freiheit 223

    Gelassene Mütter 227

    Erfüllte Väter 230

    Entspannte Kinder 232

    Fröhliche Familien 234

    Erfolgreiche Firmen 236

    Eine friedliche, nachhaltige Gesellschaft 237

    Epilog 238

    Anmerkungen 242

    Literatur 244

Mütter am Limit –
Meine Wut und mein Entsetzen

Ich bin wütend. Ich bin wütend, weil für Mütter in den letzten fünfzig Jahren nichts besser geworden ist – auch wenn es oft so erzählt wird. Ich bin wütend, weil die Lebensbedingungen von Frauen und Müttern in allen Lebensbereichen nicht nur nicht besser, sondern tatsächlich schlechter geworden sind. Seit sechzehn Jahren biete ich in Kooperation mit Krankenkassen fünftägige Intensivseminare für erschöpfte Menschen an. Ihr Ziel ist es, die alltäglichen und letztendlich doch ganz individuellen Energieräuber ausfindig zu machen und gemeinsam passgenaue Lösungen für eine gesündere Work-Life-Balance zu entwickeln. Über die Jahre wanderten allein in diesem Krankenkassenkurs mehr als 1200 berufstätige Mütter durch die Gruppen und vertrauten mir und den anderen Frauen ihre Lebens- und Alltagsgeschichten an. Oft unter Tränen. Vierzig Stunden und mehr haben wir zusammengesessen, über ihr Leben gesprochen und zugehört. 1200 Mütter. Fast 50 000 Stunden deutsches Alltagselend gut gebildeter, kluger Mittelschichtmütter. Es ist kaum auszuhalten!

Ich bin so wütend, weil bisher kaum etwas von dem, was sich in meiner Jugend als hoffnungsvolle Entwicklung für Frauen und Mütter abgezeichnet hat, eingetreten ist. Im Gegenteil: Den Müttern geht es heutzutage oftmals seelisch und materiell schlechter als zu der Zeit, als ich mir meine vier Kinder gewünscht und bekommen habe. Ich selbst hatte Glück: Ich wurde in den 1970er-Jahren erwachsen. Die 1968er gaben die Richtung vor: Wir nahmen kein Blatt vor den Mund. Unterdrückungen und Ungerechtigkeiten wurden schonungslos benannt. Ganz gleich, ob in der Schule, im Studium oder im Freundeskreis. Es war die Zeit der sexuellen Befreiung. Es gab schon die Pille und noch kein Aids. Es galt das Lustprinzip, passend zur Hippiebewegung. Wir glaubten an das Motto »Make love, not war« oder auch »Ich bin okay, du bist okay«. Wir traten ein für Toleranz und Umweltschutz; Demonstrationen am Brokdorfer Bauzaun, Wasserwerfer mit Tränengas, Sitzblockaden – all das gehörte zu meinem Alltag. Ich lebte in einer Frauen-WG. Wir lernten uns in unserer Weiblichkeit kennen, tauschten uns über Sex und Regelschmerzen aus und experimentierten mit Menstruationsschwämmchen. Mit meinem Rucksack zog ich allein durch Europa. Schlief am Strand. Machte mein Ding. Selbstbestimmt.

Aber ich wollte auch eine Familie, viele Kinder, einen großen Garten, in dem sie spielen und toben konnten. Bullerbü eben. Ich traf den richtigen Mann zur rechten Zeit. Vier Kinder war die Verabredung, vierzehn Tage nach dem ersten Kuss. Die wesentlichen Dinge besprachen wir bereits vor der ersten Schwangerschaft. Hausgeburten und Stützräder fürs Radfahrenlernen unserer Kinder haben wir heiß und lang diskutiert. Rascher zum Ziel kamen wir mit der Arbeitsteilung in den nächsten Jahren. Ich wollte als Pädagogin gerne viel Zeit mit unseren Kindern verbringen. Familienarbeit sollte in den ersten Jahren also schwerpunktmäßig mein Job sein. Er übernahm die Erwerbsarbeit. Klar, dass bei dieser Arbeitsteilung sein Verdienst, und später auch die Rente, fraglos und vollständig auf unser gemeinsames Konto ging. Das war der Deal, der so lange gelten sollte, bis es einem von uns, oder auch beiden, nicht mehr passte. Klar entsprach diese Entscheidung der traditionellen Rollenverteilung. Doch sie lief nicht fraglos ab, sondern war Ausdruck meiner und unserer freien Entscheidung. Weder der Staat noch meine feministischen Freundinnen hatten mir in Bezug auf mein persönliches Lebensglück Vorgaben zu machen.

Man könnte sagen: Glück gehabt. Oder auch: Alles richtig gemacht. Doch auch mein Freigeist und die gute Planung schützten mich nicht vor den Problemen, die kamen und mit denen ich nicht gerechnet hatte: Die Kinder ließen sich länger bitten als erwartet. Ich wurde nicht sofort schwanger, und schon stellten sich erste Zweifel ein, ob ich überhaupt fähig wäre, Kinder zu bekommen. Zwei Fehlgeburten kamen hinzu. Mein Selbstwert sank, bis sich das erste Kind anmeldete und blieb.

Ich war mit Leidenschaft Mutter. Und dennoch vermisste ich den Austausch mit anderen Erwachsenen, intellektuelle Herausforderungen und Weiterentwicklungen. Die Anforderungen der Familienarbeit ließen mir dafür fast keinen Raum mehr. Mein Mann dagegen konnte seine Zeit mit Erwachsenen verbringen. Er konnte interessante Gespräche führen und auch die Themen in einem gewissen Rahmen selbst bestimmen. Es gab Pausen, in denen das Team gemeinsam Essen ging, und manche kreative Idee fand dort ihren Anfang. Ich erwischte mich dabei, dass ich neidisch auf ihn und sein Leben draußen in der Welt war. Neidisch, obwohl ich genau das tat, was ich mir immer gewünscht hatte. Dennoch war ich zuversichtlich, dass meine Zeit auch im Beruf kommen würde. Meine Mutter war mir ein gutes Vorbild. Nach intensiver Familienarbeit mit drei kleinen, durchaus herausfordernden Kindern ohne Unterstützung durch staatliche Betreuungsangebote startete sie zeitgleich mit unserem Übergang in die weiterführenden Schulen durch und ließ meinen Brüdern und mir Raum für ein wildes, freies Leben, an das wir uns bis heute gern erinnern. Wir übten uns im Kochen und Backen und genossen gemeinsam die mehr oder weniger geglückten Marmorkuchen. Sie selbst machte sich als Vertreterin für ausgewählt schöne Stücke im Kunstgewerbe selbstständig, machte den Führerschein, kleidete sich schick und fuhr täglich davon, um ihr Geschäft voranzutreiben. Sie wurde sehr erfolgreich und verdiente bald mehr als mein Vater. Ich vertraute darauf, dass mir das auch gelingen würde. Aber: Die Zeit bis dahin war lang. Ich hatte vier Kinder, geboren im Abstand von je drei Jahren ...

Wie habe ich diese Durststrecke meiner persönlichen und beruflichen Entwicklung überbrückt? Ich hatte Glück – und eine große Wissbegierde. Intensives Lesen und mich Weiterbilden war schon immer mein Ding. Dazu kamen Freundinnen, die oftmals mit ihren Kindern nicht nur Tage, sondern auch Nächte bei uns verbrachten. Diese Stunden waren Kraftquellen und Inspiration für mich. Irgendwann fing ich an, mein Wissen und meine Fähigkeiten in Kursen an werdende Eltern weiterzugeben und sie in Krisenzeiten zu beraten. Mein vorangegangenes Studium war die Grundlage für eine professionelle Arbeit. Hier fanden meine Fähigkeiten, die weit über das Familienleben hinausreichten, einen vorläufigen Platz, der sich gut mit unserem Familienleben vereinbaren ließ. Bald schon wurde ich Ausbilderin für Frauen (und auch für einen Mann), die ebenfalls gern in die Familienbegleitung einsteigen wollten. Nun war ich ganze Wochenenden auf Achse, und mein Mann lernte die Familienarbeit von einer ganz anderen Seite kennen.

Dennoch reichte unser Einkommen vorn und hinten nicht. Dabei verdiente mein Mann mit seiner Führungsposition im sozialen Bereich recht gut. Und auch meine Honorare konnten sich sehen lassen. Aber das Geld war für unsere sechsköpfige Familie phasenweise so knapp, dass es zu Kontosperrungen kam. Oftmals alberten wir herum: Was wäre, wenn wir unsere Kinder in öffentliche Erziehung geben, »da weitere Verwahrlosung droht« und uns als Pädagogen für unsere eigenen Kinder als Betreuer anstellen lassen würden? Der Gewinn wäre enorm: Wir bekämen nicht nur zwei Gehälter mit der entsprechenden Rentenversicherung, sondern auch die Kosten für Haus und Garten erstattet, Haushaltshilfen und Vertretungskräfte für freie Zeiten und einen echten Urlaub zur Erholung. Selbstverständlich gäbe es auch jederzeit Beratungen, wenn es bei uns oder mit den Kindern mal kriselt, und nicht zuletzt bekämen wir als Profis sogar noch die öffentliche Anerkennung für unseren gesellschaftlichen Einsatz.

Um den Geldsorgen ein Ende zu bereiten, nahm ich eine Dreißig-Stunden-Stelle als Koordinatorin für die Vernetzung von sozialpsychiatrischen Einrichtungen an. Die Tätigkeit entsprach mir. Ich hatte nette Kolleginnen und Kollegen und konnte mein Potenzial entfalten. Aber: Ich wurde nach Tarif bezahlt. Da zählt vor allem die Dauer der Betriebszugehörigkeit mit den entsprechenden Aufstiegsetappen. Die harte Lehre, die zusätzlich zu meinem Studium durch das Leben mit unseren Kindern hinter mir lag, zählte in keiner Weise. Trotz meiner pädagogischen Erfahrungen war es eine immense kognitiv-emotionale Herausforderung, einen Menschen, der sich noch nicht verbal äußern kann, lesen zu lernen, angemessen auf seine Bedürfnisse zu reagieren, seine Gesundheit zu sichern, Entwicklungen zu ermöglichen und passgenaue Wachstumsreize zu setzen. Es interessierte schlicht niemanden, was »Mutti« so gemacht hatte. Und es zählte auch in keiner Weise meine Meisterschaft in Geduld, Organisation, planerischem Handeln, Streitschlichtung und Mediation, die durch die Anwesenheit mehrerer Kinder tagtäglich erforderlich war. Niemand stellte mir ein diesbezügliches Diplom aus, das ich bei meinen Bewerbungen vorweisen konnte. Stattdessen musste ich beschämt die »Lücken« in meinem Lebenslauf erklären. Und ich durfte dankbar sein, dass ich dennoch – wenn auch schlecht bezahlt – von meinem Arbeitgeber eingestellt wurde.

Die mangelnde Honorierung meines Einsatzes frustrierte mich. Doch ich hielt noch eine Weile durch, der Familie zuliebe. Aber langfristig wollte ich mehr, und so suchte ich mir eine Karriereberatung. Mir wurde klar, dass mir meine Herkunftsfamilie einiges mitgegeben hatte, was ich jetzt nutzen konnte. Ich stamme aus einer Familie, deren Motto über Generationen hinweg lautete: »Egal, womit du dein Geld verdienst: Hauptsache selbstständig.« Außerdem hatte ich einen Mann geheiratet, der mich in meiner beruflichen und auch persönlichen Entwicklung vorbehaltlos unterstützte. Ressourcen, auf die ich jetzt zugreifen wollte. Das Vorbild meiner Familie, die Unterstützung meines Mannes und externe Beratungen leiteten mich aus dem Status der abhängig Beschäftigten heraus. Mit dem Thema Stress, Erschöpfung und Burnout von Familien hatte ich mein Herzensthema gefunden. Ich fand große Auftraggeber, entwickelte Seminare, schrieb mehrere Bücher. Endlich war ich wieder die Bestimmerin: Persönliche und berufliche Entwicklung, so viel ich will, Anerkennung und Erfolg, Geld und Entscheidungsmacht. Von Tag zu Tag wuchs ich weiter über mich hinaus und kehrte zurück zu meiner alten Kraft. Bei allen Anstrengungen: Anders als viele andere Frauen meiner Generation hatte ich Glück und viele gute Geister um mich herum, die an mich glaubten und mich unterstützten.

Viele meiner Freundinnen dagegen hatten Federn lassen müssen. Und das nicht zu knapp. Nach der Elternphase war ihr beruflicher Selbstwert in den Keller gesunken. Sie zweifelten an ihren fachlichen Fähigkeiten, kämpften mit den Lücken im Lebenslauf und ihren Gefühlen von Minderwertigkeit und mangelnder Zugehörigkeit zu einer interessanten Berufswelt. Sie bereuen es nicht, eine Familie gegründet und eine Zeit intensiver Fürsorge gelebt zu haben. Aber sie bereuen, dass sie große Teile ihres Potenzials nicht leben konnten, weil eine unaufgeklärte Gesellschaft Frauen, die Mütter geworden sind, den Zutritt zu Geld und Karriere systematisch versperrte.

Doch wie geht es den Frauen und Müttern heute? Müsste es für sie nicht eigentlich viel besser laufen? Wir sind viel weiter in der Gleichberechtigung – sagt man. Männer haben Anspruch auf Elternzeit, Mütter auf Teilzeitstellen. Es gibt mehr Kitaplätze und Ganztagsbetreuung. Aber wenn ich die Mütter in meinen Kursen höre, dann zeichnet sich kein optimistisches Bild ab. Im Gegenteil. Sie sind mehr belastet als ich damals. Nicht nur in meinen Kursen, fast jede junge Mutter, mit der ich ins Gespräch komme, fühlt sich grenzwertig überlastet. Leidet unter Stress und Erschöpfung bis hin zu deutlich depressiven Verstimmungen. Die Mütter gehen auf dem Zahnfleisch und versuchen gleichzeitig, es sich nicht anmerken zu lassen. Erholungszeiten gibt es kaum, und wenn, dann spüren sie, wie ihre Fähigkeit, sich zu erholen, zunehmend nachgelassen hat. Die alte Spannkraft lässt sich nicht so einfach wiederherstellen. Und auch längere Mutter-und-Kind-Kuren oder ein gemeinsamer Familienurlaub sind oftmals nur Alltag unter erschwerten Bedingungen.

Der Anspruch an das Wohl der Kinder, die Intensivierung von Elternschaft und damit die Performance der Mutter ist in den letzten Jahren enorm gewachsen. Dazu kommt: Die heutigen Kleinfamilien leben oftmals sehr isoliert und fühlen sich gezwungen, ihre Probleme im Privaten zu lösen – obwohl die Wurzel vieler Schwierigkeiten strukturell angelegt ist. Selbst wenn der Mann oder das Paar gemeinsam versucht, die Situation zu verbessern, kommen oftmals beide an die Grenzen ihrer Kräfte. Frauen sagen dann in den Kursen: Ich funktioniere nur noch (das ist dann schon gut aus ihrer Sicht), oder ich funktioniere nicht mehr (das wird dann als Scheitern gewertet). Aber: Funktionieren ist nicht Leben. Es gibt regalmeterweise Ratgeber, die Frauen Tipps geben, wie sie ihren Alltag effizienter und besser gestalten können. Es gibt haufenweise Anregungen, wie sie als Mütter besser performen und zugleich im Job »ihren Mann« stehen. Wahlweise sollen sie sich dann entspannen, den Anspruch runterschrauben, Nein sagen lernen, sich besser organisieren und überhaupt einfach mal loslassen. Aber hilft das wirklich? Die Frauen in meinen Kursen haben all das probiert. Sie sind Meisterin im Zeitmanagement, können Autogenes Training oder MBSR (oder beides). Sie machen Yoga und üben das Loslassen. Viele Frauen waren vor der Zeit als Mutter stolz auf ihre Leistungsfähigkeit. Sie waren supergut im Organisieren, konnten Prioritäten setzen und delegieren. Sie waren verlässliche Kollegin, zielorientierte Projektmanagerin, weitblickende Führungskraft. Es kann also eigentlich nicht an ihrem Unvermögen liegen, Aufgaben gut strukturiert abzuarbeiten. Doch am Ende des Familientages fühlen sie sich erschöpft und können nur noch alle Viere von sich strecken, statt sich an ihrem Tagewerk zu erfreuen oder den Feierabend zu genießen. Sie schlafen auf der Couch ein (oftmals sogar neben ihren Kindern) – und kritisieren sich selbst dafür, dass sie so energielos und offensichtlich schlecht organisiert sind. Die Aufgaben, die ihre Rolle als Mutter, Partnerin, Managerin der Familie und ihre Erwerbsarbeit mit sich bringen, sind ihnen offensichtlich einfach zu viel. Das schlechte Gewissen, das dieses Gefühl von Unzulänglichkeit mit sich bringt, macht es nicht besser.

Was ist hier los?

Ehrlich gesagt, geht oft schon vor der Familienwerdung etwas schief: Familie wird meist weniger geplant als jeder Wochenendausflug. Kaum ein Paar redet vor dem ersten Kind darüber, wer welchen Beitrag zur Familie leisten möchte. Klar: Über die Verteilung der Elternzeit wird gesprochen, die lässt sich auch noch ganz gut planen. Doch welche Aufgabenvielfalt und Verantwortlichkeiten das Leben mit einem Kind letztendlich mit sich bringt, ist kaum vorstellbar. Da hoffen viele, dass es sich schon irgendwie zurechtruckeln wird. Der Effekt: Alle wollen die liebevoll funktionierende Familie, aber die Verantwortung dafür trägt am Ende die Mutter. Manche Frauen übernehmen diese Aufgabe gern, andere eher widerwillig. Aber am Ende sind es so gut wie immer die Frauen, die sich in die Rolle der Kümmernden einfinden und dafür sorgen, dass von der Windel bis zum Urlaub alles organisiert ist. Dass Schultüten gepackt und Geschenke geplant sind. Dass die Familie glückliche Zeiten miteinander hat und die Kinder mit ihren Freunden gut zurechtkommen. Emotionale Arbeit bei gleichzeitigem Mental Load. Unsichtbar. Fordernd. Erschöpfend. Warum liegen die meisten dieser Arbeiten in der alleinigen Verantwortung der Frauen?

Arbeiten, die ja nun mal die Basis einer liebevoll funktionierenden Familie sind. Ein gutes Familienleben, das sich nicht nur die Frauen wünschen. Die Antwort ist schlicht: Weil Care-Arbeit traditionell Frauen zugesprochen wird und gesellschaftlich nicht als Arbeit anerkannt ist. Damit ist dieser 24/7-Job nicht nur nicht sichtbar, sondern folglich auch kaum besprechbar. Allein wie viel Arbeit notwendig ist, damit das Weihnachtsfest, der Kindergeburtstag oder die Familienfeier gelingt, ist nur denjenigen vermittelbar, die selbst schon mal solche Veranstaltungen zusätzlich zum normalen Alltag gestemmt haben.

Sogar die Frauen selbst sind häufig überrollt von der nicht enden wollenden To-do-Liste, die der Job »Mutter« mit sich bringt. Doch sie fügen sich. Sie übernehmen fast reflexhaft und meist klaglos all die Arbeiten, die zwangsläufig mit der Entwicklung der Kinder einer Familie zuwachsen. Im Rausch der Anforderungen kommen sie kaum dazu innezuhalten, um die anstehenden Aufgaben sichtbar zu machen und fair neu zu verteilen. Und sie geben sich selbst die Schuld, wenn sie sich überlastet oder ausgelaugt fühlen.

Und ihre Männer, die Väter der gemeinsamen Kinder? Die wundern sich über die Erschöpfung ihrer Frauen. Auch weil sie all die nervenaufreibenden Details nicht kennen und oftmals auch nicht wissen wollen. Und so schwingen sie sich ein in den Chor der Ratgeber: Ist das denn alles unbedingt nötig? Lass doch einfach mal was liegen. Du bist doch frei. Kannst Pausen machen, wann immer du willst. Früher bekamen die Frauen das doch auch hin, und die hatten noch nicht mal eine Waschmaschine. Die Soziologin und Autorin Franziska Schutzbach beschreibt diesen Zustand in ihrem Buch *Die Erschöpfung der Frauen* sehr treffend: »In unserer Gesellschaft wird Weiblichkeit gleichgesetzt mit Fürsorglichkeit. Frauen sind, ob in der Familie, in Beziehungen oder im Beruf, zuständig für emotionale Zuwendung, für Harmonie, Trost und Beziehungsarbeit – für Tätigkeiten also, die unsichtbar sind und kaum Anerkennung oder Bezahlung erfahren. Sie ›schulden‹ anderen – der Familie, den Männern, der Öffentlichkeit, dem Arbeitsplatz – ihre Aufmerksamkeit, ihre Liebe, ihre Zuwendung, ihre Attraktivität, ihre Zeit. Und kämpfen jeden Tag gegen emotionale und sexuelle Verfügbarkeitserwartungen.«[1]

Viele Männer verstehen ihre Frauen nicht. Sie verstehen die emotionale Erschöpfung nicht, die die ständige Aufmerksamkeit für die Befindlichkeiten aller Familienmitglieder und die prompte

Beantwortung ihrer Bedürfnisse mit sich bringt. Sie sehen nicht das Ungleichgewicht, das durch einen hohen Einsatz entsteht, dem keine angemessene Anerkennung folgt. Für die Kinder ist das alles selbstverständlich. Das ist normal bei Kindern und muss mehr oder weniger ertragen werden. Viel belastender ist, dass die meisten Männer den hohen Einsatz ihrer Partnerin nicht angemessen schätzen. Sie kennen es nicht anders.

Dieses Ungleichgewicht wird in der Fachsprache Effort-Reward-Imbalance genannt und als eine von vielen Erklärungen für die Entstehung von Stress, Erschöpfung und Burnout herangezogen. Burnout selbst ist ein tiefgreifender psychosomatischer Erschöpfungszustand, verbunden mit dem Verlust der Erholungsfähigkeit; Ursache und zentrales Merkmal ist eine emotionale Erschöpfung. Womit wir bei unserem Thema sind.

Viele Frauen fühlen sich durch die Auswirkungen von Schwangerschaft und Geburt und nicht zuletzt durch einen dauerhaften Schlafmangel physisch erschöpft. Kognitiv müssen sie eine Lehre im Schnelldurchlauf machen, um die Bedürfnisse ihres Kindes erfassen zu können und zu wissen, wie sie es – bei entsprechender Impulskontrolle – angemessen trösten, beruhigen und nähren können. Bei diesem hohen Einsatz stellt sich bei den meisten Müttern bald das Gefühl einer Effort-Reward-Imbalance ein, eine der zentralen Ursachen für eine emotionale Erschöpfung.

Mütter brauchen also dringend eine Gemeinschaft, die sie schützt und nährt. Wie es das bekannte afrikanische Sprichwort so schön sagt: Um ein Kind großzuziehen, braucht es ein ganzes Dorf. Doch wie kann das eine Partnerschaft leisten, die in unserem Kulturkreis zum überwiegenden Teil nicht in einer gewachsenen dörflichen Gemeinschaft lebt?

Die Frauen sind erschöpft und wünschen sich Anerkennung und Unterstützung. Da vor Ort meist nur die Väter der Kinder ansprechbar sind, landet der Auftrag bei den Männern, sich angemessen und möglichst auch freudig um Mutter und Kind zu kümmern. Darauf sind die Männer nicht vorbereitet. Weder können sie das Problem in seiner Ganzheit erfassen – auch deshalb, weil der sogenannte Mental Load nicht sichtbar ist –, noch wissen sie, was genau zu tun ist. Und vor allem wissen sie oftmals nicht, welche emotionalen Bedürfnisse von Mutter und Kind gestillt werden wollen. Sie fühlen sich hilflos, sind genervt und ziehen sich zunehmend in die vertraute Erwerbsarbeit zurück. So hatten sich das die Frauen bei der Familiengründung meist nicht vorgestellt. Und oft war es auch anders verabredet. Aus ihren Wünschen werden nun Forderungen. Damit fühlen sich viele Männer zu Dienstleistern degradiert. Und jetzt hört der Spaß auf. Als wenn sie nicht schon genug für ihre Familie leisten würden. Da nehmen sie doch lieber die nächste Beförderung mit, bekommen Anerkennung, Geld und Macht. Schön blöd, wenn sie unter diesen Umständen noch mehr von der Familienarbeit übernehmen würden – ein 24/7-Job, der nicht einmal bezahlt wird.

Ein individuelles Problem? Brauchen wir mehr Paarberatungen, um den zunehmenden Entfremdungen und Scheidungen vorzubeugen? Ich glaube nicht. Die Überlastung der Mütter mit all ihren unsäglichen Folgen hat strukturelle Ursachen, die dort gelöst werden müssen, wo sie entstehen. Weil das nicht (oder nur kaum) geschieht, wird die Lösung der unhaltbaren Situation auf der individuellen Ebene innerhalb der Partnerschaft gesucht. Ein erschöpfendes Unterfangen – nicht nur für die Mütter, sondern auch für die Väter.

Was belastet die Mütter denn so?

Im Mai 2009 durfte ich mit auf dem Podium sitzen, als die Techniker Krankenkasse (TK) ihre Stress-Studie vorstellte. Diese Studie ergab unter anderem, dass Mütter zu der Personengruppe in Deutschland gehören, die am meisten unter Stress leidet. Ich saß auf dem Podium und konnte mit ansehen, wie die Journalistinnen und Journalisten sich darüber wunderten: Warum die Mütter? Was belastet die denn so? Weder der TK-Vorstand noch die Soziologin konnten gute Antworten für diesen Befund liefern. Ich aber konnte die Geschichten der Mütter aus meinen Gruppen erzählen.

Die Geschichten sind vielfältig und im Kern doch immer die gleichen. Alle berichten von großen Verlusten durch die freiwillig eingegangene und oftmals ersehnte Mutterschaft. Sie beschreiben das Gefühl von Heimatlosigkeit, entstanden durch den Verlust von körperlicher Selbstbestimmung während Schwangerschaft, Geburt und Wochenbett. Sie beschreiben den Verlust geistiger Selbstbestimmung, weil die Erfordernisse, das Kind mit seinen vielfältigen basalen Bedürfnissen zufriedenstellen zu müssen, jegliches weitere Denken absorbiert. Sie fühlen sich fremdbestimmt durch den Verlust auch nur minimaler zeitlicher Freiheit. Sie fühlen sich unsichtbar und einsam – trotz der Fülle an Aufgaben, die sie jeden Tag meistern, trotz all der Menschen, die sie im Laufe des Tages treffen. Sie werden zunehmend unsicherer, wenn es um gesellschaftliche Teilhabe geht. Im Beruf sind sie weniger gefragt, für Kultur haben sie weniger Zeit, öffentlich äußern sie sich kaum noch. Die Rolle des Mutterseins überdeckt alle anderen gesellschaftlichen Rollen. Sie verzweifeln an der Stagnation ihrer persönlichen Entwicklung und beruflichen Karriere. Und nicht zuletzt führt sie der Verlust von Ansehen, Geld und Macht zunehmend in eine erlernte Hilflosigkeit.

Das, was ich im Folgenden als Problem von Müttern und Frauen beschreiben werde, trifft übrigens auf alle Menschen zu, die hierzulande die fürsorgende, kümmernde Rolle übernehmen. Allerdings sind dies immer noch meistens die Frauen, weshalb ich hier ihre Geschichte erzähle, um dann zu schauen, wie es für die Mütter in unserer Gesellschaft weitergehen kann, damit sie ein wenig aufatmen, abgeben und aufleben können.

Beginnen werden wir mit der Bestandsaufnahme ›Warum Muttersein heute immer noch eine Falle ist‹, um anschließend zu prüfen ›Warum wir uns immer wieder fangen lassen‹. Wir brauchen eine klare Benennung dessen, was ist, und das Erkennen der lockenden Köder, um im dritten Teil dieses Buches Ideen zu entwickeln. Ideen dazu, ›Wie wir da gemeinsam rauskommen‹, beziehungsweise gar nicht erst in die Falle laufen. Das Kapitel ›Die neue Freiheit‹ zeigt abschließend, warum sich all die Anstrengungen lohnen – für alle: die Mütter, die Väter, die Kinder, die Familien, die Firmen und nicht zuletzt für unsere ganze Gesellschaft.

Teil I

WARUM MUTTERSEIN HEUTE IMMER NOCH EINE FALLE IST

Der berühmte Psychoanalytiker Erik H. Erikson (1902–1994) beschreibt die Aufgabe des Erwachsenenalters in seinem Stufenmodell der psychosozialen Entwicklung des Menschen so: »Ich bin, was ich bereit bin zu geben.« Das eigene Leben im Fluss der Generationen zu begreifen, selbst empfangen zu haben und nun weitergeben zu können, ist ein wesentliches Stadium der persönlichen Reife. Dem gegenüber steht die ichbezogene Stagnation, die in diesem Entwicklungsschritt überwunden werden muss. Verantwortung für die nächste Generation zu übernehmen, ist das Thema. Diese Verantwortung kann in sozialem Engagement gelebt werden, in Naturerhalt, Wissenschaft und Forschung, Kunst und Pädagogik oder auch darin, Kinder großzuziehen. Es geht darum, Liebe in die Zukunft zu tragen. Die Herausforderung dieser speziellen Entwicklungsaufgabe besteht nach Erik Erikson und seiner Frau Joan Erikson (1903–1987) darin, Fürsorge zu geben, ohne sich selbst dabei aus den Augen zu verlieren. Wie schwer diese Aufgabe für Mütter bei uns in der heutigen Zeit ist, soll in den folgenden sieben Kapiteln gezeigt werden.

»Mit der Schwangerschaft hörte mein Körper auf, mir zu gehören« – Der Verlust körperlicher Selbstbestimmung

Wenn eine Frau in der Vorstellungsrunde in einem meiner Kurse sagt »Ich fühle mich nicht gut«, werde ich direkt hellhörig. Denn dieser kleine, fast banale Satz weist meist auf eine tief sitzende Schwierigkeit hin. Fast immer kommt im Laufe der Seminartage ans Licht, dass diese Frau sich generell nicht gut fühlt, und zwar in dem Sinne, dass sie sich selbst kaum noch spürt. Sie bekommt gar nicht mehr mit, wie es ihr geht, spürt deshalb auch kaum ihre Grenzen – und hat sich so über Monate und Jahre in eine tiefe Erschöpfung manövriert. Wenn wir dann tiefer in ihre Biografie einsteigen, finden wir nicht selten den Anfang dieser seltsamen Körperlosigkeit: Sie fing in der Schwangerschaft, unter der Geburt oder in der Stillzeit des Kindes an. In diesen Phasen machen viele Frauen die Erfahrung, dass sie plötzlich nicht mehr ausschließlich über ihren eigenen Körper bestimmen können. So schleicht sich neben der frohen Erwartung mit dem Sichtbarwerden der Schwangerschaft und der Geburt des Kindes auch ein Unbehagen ein, ausgelöst durch die Gewissheit: Das kann ich jetzt nicht mehr rückgängig machen.

»Ich stand vor dem Spiegel und sah, wie sich mein Bauch von Woche zu Woche mehr rundete. Keine Diät konnte jetzt noch helfen. Ich spürte die Bewegungen des Kindes und begriff: Da hat nun ein anderer Mensch von mir und meinem Leben Besitz ergriffen.« Annalena, 29

Fast noch schwerer wiegt allerdings der unweigerlich folgende Eintritt in die Sprechzimmer der Ärztinnen und Ärzte. Denn bereits die noch nicht selbstständig lebensfähige Leibesfrucht einer Frau hat Anspruch auf den Schutz des Staates. Mit Eintritt der Schwangerschaft gehört der Körper der Frau nicht mehr ihr allein. Er gehört jetzt auch dem Ungeborenen. Ärzte und Ärztinnen betasten und untersuchen den Körper der Frau nicht mehr nur um ihrer Gesundheit willen, sondern weil sie den Entwicklungs- und Gesundheitszustand des ungeborenen Kindes untersuchen. Die werdende Mutter wird angehalten, ihre Ernährung umzustellen, bestimmte Sportarten einzustellen, für das werdende Kind einen gesunden Lebensstil zu pflegen. Dieses Gefühl, den eigenen Körper mit einem anderen Menschen zu teilen, bleibt häufig auch nach der Schwangerschaft bestehen. Denn die Milch ihrer Brüste scheint ein selbstverständlicher Anspruch ihres neugeborenen Kindes zu sein. Frauen erleben immer wieder, dass sie gegen Windmühlen kämpfen, wenn sie anfangen, gewisse Normen rund um Mütterlichkeit zu hinterfragen.

»Ich wollte nicht stillen. Ich wollte bald wieder arbeiten gehen und auf keinen Fall mit einer Milchpumpe wie eine Kuh die Nahrung für unser Kind bereitstellen müssen. Aber die Hebamme und die anderen Mütter und Väter in unserem Geburtsvorbereitungskurs machten solch einen Druck: Etwas Besseres als Muttermilch gibt es für die körperliche und emotionale Entwicklung eines Kindes nicht! Mit Muttermilch wird der Grundstein für eine gesunde Darmflora gelegt! Übergewicht kann auf diese Weise schon frühzeitig verhindert werden! Eine gute Mutter stellt ihre eigenen Bedürfnisse zurück und stillt ihr Kind! Ich habe mich breitschlagen lassen. Aber unserer Beziehung hat es nicht gutgetan. Mein Mann war frustriert, weil er sich schon so auf das Füttern gefreut hatte. Nun stand ich zwangsläufig immer an erster Stelle, wenn unser Kind beruhigt werden wollte.« Mareike, 34

Dass es sich so anfühlte, als wäre ihr Kleines nicht mehr nur ihres, sondern als hätte plötzlich auch die Ärztin einen Anspruch auf ihr Kind, erzählt Judith – auch sieben Jahre nach der Geburt immer noch sichtlich erschüttert.

»Ein Kaiserschnitt war unvermeidbar. Wegen einer Plazentainsuffizienz wuchs unser Kind nicht mehr richtig, und es war klar, dass ich es bald nicht mehr über die Nabelschnur ernähren konnte. Deshalb verbrachte ich die letzten Tage vor dem Geburtstag unseres winzigen Kindes in der Klinik unter der gewissenhaften Kontrolle einer erfahrenen Neonatologin. Jeden Tag, manchmal auch zweimal, fand eine aufwendige Ultraschalluntersuchung statt, um die Entwicklung unseres Sohnes einschätzen und gegebenenfalls entsprechende Maßnahmen einleiten zu können.
Ich hatte wahnsinnige Angst um unser Kind und fühlte mich elend und schuldig an seinem schweren Schicksal. Meine Gefühle spielten auf der Station allerdings überhaupt keine Rolle. Wie es mir, der Mutter, ging, war völlig unwichtig. Es ging nur um das Kind. Auch beim Ultraschall wurde nicht

mit mir geredet, geschweige denn etwas erklärt. Die Ärztin sprach nur mit sich selbst. ›Heute hole ich ihn mir noch nicht‹, sagte sie mit Blick auf den Monitor. Mein Kind! Wollte sie sich holen! Ich fühlte mich wie die Königin aus Rumpelstilzchen, der man das Kind rauben wollte. Natürlich bin ich dankbar, dass sich alle so gut um unseren wunderbaren kleinen Kerl gekümmert haben. Und ich bin so froh und glücklich, in einer Gesellschaft leben zu dürfen, in der sich so viele Menschen so aufmerksam um das Wohl jedes und jeder Einzelnen sorgen. Und dennoch: Ich fühlte mich wie eine Versagerin, die es nicht wert zu sein schien, eine Mutter zu sein.« Judith, 40

Bald schon nach dem positiven Schwangerschaftstest geht es los: Es gibt den berühmten Mutterpass. Für viele Frauen, die sich die Schwangerschaft gewünscht haben, ist er fast wie ein Orden, und sie tragen das kostbare Dokument immer bei sich. Gewissenhaft wird jede Vorsorgeuntersuchung wahrgenommen und jede Eintragung aufmerksam verfolgt. Doch mit jeder Untersuchung steigt neben dem Glück auch die Sorge: Bewege ich mich noch in der Norm? Mache ich alles richtig? »Zur Sicherheit« schauen die Mediziner:innen per Ultraschall in die Körper der Frauen, viele sind dabei ganz mit ihren Geräten und dem Blick auf das Ungeborene beschäftigt. Bei Unklarheiten werden weitere Kontrolluntersuchungen empfohlen. Oft jedoch ohne genaue Aufklärung, um wessen Sicherheit es hier geht. Um die des Kindes? Der Eltern? Der Gesellschaft vor Kindern mit kostspieligen Behinderungen? Die Erfahrung, dass sich das Gesicht der Ärztin nach der vermeintlichen Routine-Untersuchung in sorgenvolle Falten legt, hat schon viele Schwangere überrumpelt und extrem verunsichert. Die oftmals mangelnde ruhige Aufklärung durch das Medizinpersonal zeigt schlicht: Die Meinung und die Bedürfnisse der werdenden Mutter sind hier kaum gefragt. Im Fokus steht jetzt das Kind.

> »Es war furchtbar. Die Ärztin strich immer wieder mit dem Schallkopf über meinen Bauch und murmelte vor sich hin: ›Wo sind denn die Füße? Ich finde die Füße nicht.‹ Meine ganze schöne, pralle Schwangerschaft fiel von einem Moment auf den anderen in sich zusammen. Ich lag da, stumm vor Entsetzen und sah ein Kind ohne Füße heranwachsen. Irgendwann zeigte sich unser Kind dann ganz, und das elende Vermessen hatte ein Ende. Diese Tochter liebt Schuhe, seit sie denken kann.« Helena, 36

Der Verlust der körperlichen Selbstbestimmung der werdenden Mutter ist wie ein roter Faden, der sich bei vielen Frauen durch Schwangerschaft und Geburt zieht. Viele Frauen haben das Gefühl, sich möglichst gefügig einpassen und alle Anordnungen befolgen zu müssen, damit die Akteure ihren Job im Sinne des Kindes machen können. Sie vermissen die ehrliche Frage nach ihren ganz persönlichen Bedürfnissen, manchmal auch Respekt vor ihren körperlichen Grenzen oder Ängsten.

Sich dagegen zu wehren kommt den Frauen meist nicht in den Sinn. Schließlich wollen sie das Wohl ihres Kindes auf keinen Fall gefährden. Weil von Seiten der Ärzt:innen häufig nicht viel erklärt wird, haben Frauen oft nicht das Gefühl, dass sie fachlich mitbestimmen könnten. Viele denken deshalb, sie müssten all das klaglos ertragen. Und schweigen.

So passiert es, dass Geburten – manchmal wie zufällig – eingeleitet werden, weil es einfach besser passt.

»Ich bin privat versichert und hatte damit Anspruch auf eine Chefarztleistung. Zehn Tage vor dem errechneten Termin war ich zu einer Vorsorgeuntersuchung in die Klinik eingeladen. Während der Untersuchung ›platzte‹ die Fruchtblase, und ich durfte gleich in der Klinik bleiben. Weil sich nicht gleich was tat, wurde die Geburt mit einem Wehentropf angeschoben. Das war sehr schmerzhaft. Wie ich später erfuhr, war der Chefarzt am nächsten Tag bereits im Urlaub. Seitdem verfolgt mich der Gedanke: Das Sonderhonorar durch meine Privatgeburt wollte er wohl noch mitnehmen und hat möglicherweise deshalb während der Vorsorgeuntersuchung die Blase ganz gezielt geöffnet. Ich kann es nicht beweisen. Beides aber war und ist schrecklich: Die Einleitung und der Gedanke, dass ich hier einem Übergriff ausgesetzt war. Das ist schon lange her, und es lässt sich so oder so nicht mehr aufklären. Ich muss einfach lernen, damit zu leben.« Susanne, 58

Genauso kommt es vor, dass Geburten hinausgezögert werden, wie Frauen in meinen Kursen immer wieder berichten, oder Frauen werden unter der Geburt angehalten, jetzt mal endlich zu pressen oder sich nicht so anzustellen. Nicht deshalb, weil es primär um die Sicherheit von Mutter und Kind geht, sondern weil es der Klinikalltag so erfordert. Frauen werden von Kaiserschnitten überrascht, grob angefasst, der Damm wird ohne Zustimmung geschnitten, und über die Kinder, die die Mutter auf die Welt bringt, wird im Kreißsaal geredet, als hätte sie selbst nichts damit zu tun.

Viele Jahre lang sprachen Frauen fast gar nicht über diese Gewalterfahrungen. Es lag ein Tabu über diesen Erlebnissen. Doch inzwischen gibt es einige Studien, die nachweisen, dass Mütter häufig unter der Geburt körperliche und psychische Gewalt erleben. So zeigt eine aktuelle Studie der psychologischen Hochschule Berlin, dass fast 40 Prozent von 1500 befragten Müttern aus Deutschland körperliche Gewalt erlebten und 36 Prozent Vernachlässigung, 29 Prozent der befragten Mütter wurden verbal attackiert und 23 Prozent erlebten Gewalt rund um die Mutter-Kind-Beziehung, zum Beispiel, indem sie zum Stillen gezwungen wurden.[2]

> »Vor nichts habe ich mich so sehr gefürchtet, wie vor einem Dammschnitt. Deshalb habe ich in der Klinik schriftlich in den Akten und auf dem Anmeldebogen vermerken lassen, dass ich das auf keinen Fall will. Auch der Hebamme habe ich das unter der Geburt noch einmal gesagt. Lieber will ich reißen als geschnitten werden. Als sich dann die Austrittsphase hinzog – und vermutlich auch, weil bald die Schicht zu Ende war –, wurde dann doch die Schere angesetzt. Es gab keinen Grund dafür, denn unserem Sohn ging es die ganze Zeit gut. Leider hat sich die Naht dann noch entzündet, und die Narbe schmerzt immer noch beim Sex.« Vivian, 32

Und das alles, obwohl das Erleben von Schwangerschaft und Geburt auch ohne Übergriffigkeiten eine existenzielle Erfahrung ist, die viel Mut und Kraft braucht, um sie gut zu verarbeiten. Die Geburt ist auch heute noch eine Grenzerfahrung zwischen Leben und Tod.

In anderen Zusammenhängen, wie beispielsweise der Notfallmedizin, ist es längst bekannt, dass psychologische Betreuung und ein achtsamer Umgang sehr wichtig sind. Bei Frauen, die schwanger sind oder gebären, fehlt diese Fürsorge oftmals. Nicht aus bösem Willen, sondern ganz schlicht mangels Personal. Letztendlich geht es auch hier um Geld. Gesagt wird von den Entscheidern allerdings etwas anderes: »Das ist doch ein natürlicher Vorgang!«, »Das haben doch schon Millionen anderer Frauen unter oftmals viel schlechteren Bedingungen hinbekommen!«, »Stell dich mal nicht so an!« – und entwürdigen damit den einmaligen Einsatz von Leib und Leben dieser Frau. Manche Frauen erleben diese Situation als äußerst kraftvoll und gut. Ihnen gelingt es, sich sozusagen selbst durch die Geburt zu begleiten. Doch die Zahlen der aktuellen Studien zeigen, dass viele Frauen unter dem Extremerlebnis Geburt Fürsorge und ein stärkendes Umfeld benötigen, die sie jedoch häufig nicht erhalten.

Grundsätzlich ist der Kontrollverlust über den eigenen Körper in der Öffentlichkeit für alle Menschen mit Scham behaftet. Sich vor Fremden gehen zu lassen, ist im Nachhinein fast immer peinlich. Ganz besonders in unserer kontrollierten Kultur führen Erinnerungen daran auch noch nach Jahren zu fast physischen Schmerzen. Wenn bei leistungsbezogenen Frauen dann noch ein Gefühl des Versagens hinzukommt, weil die Geburt »nur« mithilfe eines Kaiserschnitts, einer Zange oder Saugglocke beendet werden konnte, wird die Scham manchmal unerträglich. Und leider verschwindet dieses belastende Gefühl nicht einfach, nur weil das Kind jetzt glücklich auf der Welt ist.

Wenn solche und andere Erinnerungen unerträglich werden, können manche Menschen sie einfach aus ihrem Bewusstsein verbannen. Schwierig wird so eine Verbannung aber, wenn die Spuren von Schwangerschaft und Geburt die Mütter immer wieder an die erlittenen physischen und psychischen Schmerzen erinnern. Wenn der Blick auf die Schwangerschaftsstreifen beispielsweise die Gefühle von Ohnmacht unter der Geburt aktiviert. Oder man seinen Körper zu hassen beginnt, weil er nicht mehr so straff wird wie vor der Geburt. Manche Frauen retten sich dann damit, dass sie ihren eigenen Körper aus ihrem Bewusstsein verbannen.

Sie fühlen sich dann einfach nicht mehr gut – im Wortsinn. Sie verdrängen das Erlebte und hören zugleich auf, in ihren Körper reinzuspüren. Sie nehmen sich selbst nicht ernst, weil keiner sie ernst nimmt. Sie reden sich selbst ein, dass es ja das Wichtigste ist, dass es dem Kind gut geht. Sie sprechen nicht mehr darüber. Doch dieser Rückzug aus dem eigenen Empfinden und Körpergefühl bedeutet auch einen Verlust von Vitalität. Sie verlieren mit ihrem Körpergefühl auch ihre gefühlte innere Heimat. Erkennen kann man das manchmal, wenn Frauen in der Gruppe sagen: »Ich habe gar kein Gefühl mehr für mich. Ich funktioniere nur noch.«

In meinen Kursen zeigen sich die Momente dieser Traumatisierung meist nur nebenbei. Wenn die Frauen von ihrem Lebensweg erzählen und rund um Geburt und Schwangerschaft Lücken bleiben. Im Erzählen. Aber vor allem in der Energie. Viele Frauen berichten über diese existenziellen Erfahrungen und großen Wendepunkte im Leben, als seien sie nicht der Rede wert. An dieser Stelle hake ich nach. Denn hier könnte möglicherweise bereits die Quelle der Erschöpfung liegen. Ich ermuntere die Frauen, uns noch einmal zu erzählen, wie ihre Schwangerschaften und Geburten verliefen und wie sie die ersten Wochen mit ihrem Baby erlebt haben. Und so berichten die Frauen von Fehl- und Frühgeburten, von unerfülltem Kinderwunsch, von vermeintlichem Versagen und medizinischen Behandlungen. Sie berichten von traumatischen Geburtserfahrungen, vom Gefühl, zum Objekt geworden zu sein, von Dammschnitten, die sie nicht wollten, von Kaiserschnitten, die sie überrumpelten, von Schmerzen, die sie nicht fassen konnten. Sie erinnern sich unter Tränen an die Wochen und Monate mit ihrem untröstlich schreienden Kind, den zermürbenden Schlafentzug und die Verzweiflung beim Stillen. Schuld und Scham über vermeintliche Unfähigkeiten und den Kontrollverlust über ihren eigenen Körper brechen sich Bahn.

Und ich kann sehen, wie diese Frauen aufwachen, denn offensichtlich hat noch nie jemand wirklich interessiert danach gefragt. Sie erzählen erst zögerlich, dann immer ausführlicher. Sichtlich berührt, dass wir zuhören und mitgehen, dass da Verständnis ist. Und in unseren Gesichtern sehen sie, dass wir alle auch diese widerstreitenden Gefühle kennen, die Ambivalenzen, die Wut, die Ängste und auch die Enttäuschung über die Konsequenzen des Mutterseins.

Ich bin wütend, weil kaum etwas von dem, was sich in den Jahren meiner eigenen Mutterwerdung als hoffnungsvolle Entwicklung für die Frauen abgezeichnet hat, eingetreten ist. Umgekehrt wird ein Schuh daraus: Den Müttern geht es heutzutage während ihrer Schwangerschaften und unter den Geburten oftmals seelisch und körperlich schlechter als zu der Zeit, als ich mir meine vier Kinder gewünscht und nach geduldigem Herbeirufen auch bekommen habe.

Unsere Gesellschaft räumt immer weniger Platz für diese existenzielle Phase im Leben von Frauen und Müttern ein. Die Zeit der Schonung im Wochenbett, die Ruhe beim Ankommen im Muttersein wird immer kleiner. Vierzig Tage Rundumversorgung einer Frau, nachdem sie geboren hat, gibt es als Vorgabe nur noch in alten, meist religiösen Schriften wie der Bibel. Heutzutage gilt es, möglichst bald wieder fit zu sein und funktionieren zu können. Und auch über das Wochenbett hinaus gibt es kaum Räume oder Angebote (abgesehen von medizinischen Untersuchungen und Kursen, die vor allem die gesunde Entwicklung des Kindes zum Ziel haben), die Frauen im Muttersein persönlich begleiten und den Übergang in eine neue Stufe ihres Frauenlebens gebührend feiern. Gesunde, starke Mütter zu werden – das müssen Frauen selbst hinkriegen.

Weil die körperliche Entfremdung durch Schwangerschaft, Geburt und Wochenbett in ihrer seelischen Bedeutung gesellschaftlich negiert wird, ist sie auch als Ursache von Erschöpfung nicht bekannt. So kommt es bereits früh zu Konflikten mit den Liebsten, die nicht verstehen, was da eigentlich los ist. Das Baby ist da, im besten Falle gesund. Man hat alles eingerichtet, viele Geschenke und Glückwünsche kommen. Vielleicht ist der Krippenplatz sogar schon gesichert. Der Mann verdient das Geld, die Frau bekommt sogar einige Wochen Auszeit vom Arbeitgeber bezahlt – warum ist sie so erschöpft? Vielleicht auch unzufrieden oder sogar deprimiert.

Ein erster Schritt zur Heilung ist das Sprechen darüber. Auch wenn es schwerfällt. In den Kursen erlebe ich immer wieder, dass Frauen das allererste Mal Worte für ihre traumatischen oder verletzenden Erfahrungen rund um ihre Mutterschaft finden. Sie erzählen von den verletzenden Sätzen der Ärzte, vom Gefühl, mit ihren drängenden Fragen alleingelassen zu werden, die Verzweiflung, wenn andere über ihre Körper bestimmten oder einfach Dinge über ihren Kopf hinweg entschieden. Sie erzählen von traurigen Verlusten, die nie beweint wurden, weil keiner die Trauer ernst nahm, oder Enttäuschung, weil mit den Kindern das berufliche Ich verkümmerte. Wenn wir wütend darüber werden, wie man mit uns umgegangen ist, dann sind wir auf dem richtigen Weg. Denn dann spüren wir ganz offensichtlich, dass uns Unrecht getan wurde. Dass es nicht in Ordnung war, wie wir behandelt wurden und werden. Dass wir nichts falsch gemacht haben oder gar eine Schuld tragen. Dass wir auch nicht verweichlicht oder kompliziert sind. Vielmehr ist unsere Verletzbarkeit und die existenzielle Erfahrung rund um unsere Mutterschaft in keiner Weise gewürdigt worden. Die Scham weicht der Wut. Und diese Wut bringt uns wieder in unseren Körper zurück. Nun können wir anfangen, uns liebevoll um uns selbst zu kümmern und uns »gut zu fühlen«. Die neue Verbindung zum eigenen Körper ist der Königsweg zu den altvertrauten Kraftquellen und zu einem tiefen Selbstwertgefühl. Dieses gute Körpergefühl entsteht allerdings nur sehr selten dadurch, dass das vormütterliche Gewicht acht Wochen nach Schwangerschaft und Geburt wieder erreicht wird. Vielmehr gilt es, die umwälzenden Erfahrungen beim Übergang in die Mutterschaft für sich zu verarbeiten, sie zu integrieren und sich in seinem neuen alten Körper zu beheimaten.

Den Anfang macht die Sprache, das Sprechen über die eigene Erfahrung.

»Alles dreht sich nur noch ums Kind« – Der Verlust geistiger Selbstbestimmung

Katharina hatte sich auf die Zeit mit ihrem ersten Kind sehr gefreut. Sie hatte rechtzeitig vor der Geburt ihre Promotion fertiggestellt und der Elternzeit mit Neugier entgegengeblickt. Sie war zusammen mit ihrem Mann in einem Geburtsvorbereitungskurs, hatte gemeinsam mit ihm an einem Wochenende die Grundzüge der Säuglingspflege kennengelernt und auch den Abend mit dem Kinderarzt nicht versäumt. Dazu hatte sie jede Menge Bücher rund um eine gesunde Kindesentwicklung gelesen. Eine diesbezügliche Prüfung hätte sie mit Summa cum laude ablegen können. Katharina fühlte sich gut vorbereitet.

Doch womit sie nicht gerechnet hatte, war die Einsamkeit und Unsicherheit, die mit der Geburt ihres Wunschkindes in ihr Leben kam. Und wie sehr ihre Welt zusammenschrumpfte. Der Kosmos des Kindes bestimmte nun ihren Kosmos: Wann hat es Hunger? Wann braucht es Schlaf? Muss ich den roten Po schon behandeln? Ist das Spucken beim Bäuerchen noch normal? Nimmt mein Kind genug zu? Warum wacht es nachts ständig auf? Ist es warm genug angezogen? Ist es zu warm angezogen? Ist es schon Verwöhnen, wenn ich es bei jedem Weinen auf den Arm nehme? Erziehe ich damit einen kleinen Tyrannen? Ab wann darf ich mein Kind für ein paar Stunden einem Babysitter anvertrauen? Darf man einen Laufstall nutzen? Bin ich zu egoistisch? Bin ich eine gute Mutter?

> *Ich habe die Zeit mit den kleinen Kindern nicht genossen, ich mochte es einfach nicht, obwohl es natürlich schöne Momente gab und die Kinder so süß waren. Ich war offen damit, aber trotzdem hatte ich ein komisches Gefühl, dass ich keine gute Mutter sein könnte. Niemand hatte mir vorher erzählt, dass die Zeit mit kleinen Babys und Kindern für Mütter so hart und so einsam ist. Das war eine Überraschung für mich.* Katharina, 32

Katharina besuchte weitere Kurse in der Hoffnung, Antworten auf ihre vielen Fragen zu bekommen. Und sicher: einige Fachinformationen kamen dazu, und es war schön, andere Mütter in einer ähnlichen Situation zu treffen. Doch diese Mütter hatten andere Kinder. Kinder, die schon durchschliefen, Kinder, die keinen Schnuller brauchten, um sich beruhigen zu können, Kinder, die munter in die Welt blickten und sich nicht bei jeder kleinen Veränderung erschreckten, Kinder, die sich schon drehen konnten und sogar schon erste Krabbelversuche machten. Bei all diesen Müttern schien es besser zu laufen als bei ihr. Katharina fühlte sich als Versagerin. Mochte nicht über die verzweifelten Stunden sprechen, allein mit ihrem hocherregten Baby, das sich kaum beruhigen ließ. Den Zorn, den sie verspürte, wenn ihr Wunschkind nach gefühlten zehn Minuten Schlaf wieder ihre volle Aufmerksamkeit verlangte.

> *Das erste Jahr hat mein Kind quasi auf mir gewohnt*, sagte sie. *Zunächst trug ich mein Baby mit dem Wickeltuch an meiner Brust, später dann auf dem Rücken und*

staubsaugte die Zimmer und die Treppen zu Hause. Es war ein sehr anhängliches Kind, das nicht mal fünfzehn Minuten alleine schlafen konnte, aber es schlief sehr wohl an meinem Körper. Das Staubsaugen mit dem schweren Gewicht behinderte meine Arbeit und verursachte mir Rückenschmerzen. Warum habe ich das getan? Merkwürdig! Ich hätte das gar nicht machen müssen! Aber damals wollte ich vielleicht etwas tun, was irgendwie sichtbar war, vielleicht für mich selbst sichtbar. Ich wollte etwas ›tun‹, etwas, das als ›Arbeit‹ anerkannt werden kann. Sonst wusste niemand, was ich ganzen Tag getan habe. Niemand lobte, dass das Kind gefahrlos ein Stück unsichtbar gewachsen ist, denn die Tatsache, dass ein Kind gesund wächst, war einfach selbstverständlich.« Katharina, 32

Mehr als ihr Rücken machten Katharina aber ihre Selbstzweifel zu schaffen: Kaum irgendwo gab es Hinweise darauf, dass Kinder auch so sein können. Dass sie sich vielleicht schwerer tun mit dem Ankommen in dieser Welt, dass sie eine sichere Umgebung brauchen, einen klaren Rhythmus, Reizabschirmung. Dass das eigene Kind anders ist als das der Freundin.

Erst beim zweiten Kind verstand Katharina, dass es nicht um die perfekte Mutter geht, die immer alles richtig macht. Sie verstand, dass es nicht um die perfekte Ernährung, die perfekte Kleidung, die perfekte Raumtemperatur, die perfekte Konsequenz, die perfekte Erziehung geht, damit ein Kind so klug und sportlich und musikalisch und fröhlich und kreativ wird, wie sie es sich erträumte. Sie verstand, dass es um die Eigenart des Kindes geht, das in seinem Wesen verstanden, behütet und gefördert werden wollte. Und dass es bei jedem Kind neu galt, dieses einzigartige Wesen kennenzulernen, seine Signale zu erkennen, entsprechend zu deuten und mit den eigenen Möglichkeiten angemessen darauf zu reagieren. Sie verstand aber auch, dass es bei allem immer auch um ihre eigenen Bedürfnisse und Sehnsüchte ging, die ebenso wahrgenommen und miteinander ausgehandelt werden wollen.

Es ist wie in einem fremden Land, dessen Sprache und Kultur wir kennenlernen und mit unserer eigenen Kultur in Beziehung setzen müssen, um uns miteinander wohlzufühlen. Die Sprache des Kindes lässt sich nun aber leider nicht aus Büchern lernen, sondern nur über Einfühlung. Wir müssen uns mit dem Kind identifizieren und fühlen, was es fühlt. Dann wissen wir, was es braucht. Dann wissen wir, ob sein Weinen Hunger bedeutet oder Bauchweh oder Sehnsucht nach Kontakt oder vielleicht auch einfach ein Bedürfnis nach Ruhe ist.

Dieses Einfühlen ist wahnsinnig anstrengend, besonders für Menschen, die ihre persönliche und berufliche Entwicklung vornehmlich mit dem Verstand vorangetrieben haben. Einfühlung ist dann fast wie eine neue Sprache, die wir in einer rasant kurzen Zeit lernen müssen. Da bleibt kaum noch Raum für andere Welterfahrungen außerhalb des Kindes. Doch die Sprache der Empathie werden wir nie wieder verlernen. Sie ist ein Schatz für unser Leben.

Das Leben wird dann etwas leichter, wenn das Kind unsere Sprache gelernt hat und zunehmend seine Bedürfnisse selbst artikulieren kann. Dennoch hört der endlose Gedankenstrom um das Wohlsein des Kindes nicht auf. Verständlich. Denn die Verantwortung für ein kleines Wesen ist enorm. Doch viele sind darauf überhaupt nicht vorbereitet. Mit der Geburt des Kindes liegt der Auftrag für das Wohl und Wehe und die gesunde Entwicklung des Kindes meist bei der Mutter. Ganz gleich, ob es eine Entwicklungsverzögerung im Säuglingsalter ist, eine schlechte Schulnote oder eine Bindungsunfähigkeit im Erwachsenenalter. Ganz gleich, was vermeintlich schiefläuft: Die Mutter ist schuld.

Nicht nur in der Säuglingszeit. In der Kita oder Grundschule werden Mütter angesprochen, dass ihr Kind motorisch »hinten dran« sei und sich mehr bewegen sollte. Oder dass es sich mit anderen Kindern streitet und man doch bitte zu Hause auch auf Regeln achten sollte. Es ist das unausgesprochene Ziel der Leistungsgesellschaft, dass Kinder möglichst flott und altersgerecht »funktionieren« sollen. Dafür sind die Mütter zuständig. Männer werden mit diesen Wünschen für gewöhnlich nicht behelligt. Die Mutter gilt laut der Soziologin Franziska Schutzbach nach wie vor als erste Ansprechpartnerin.

Mit der Entscheidung für ein Kind schrumpft die Welt der meisten Frauen automatisch auf den Kosmos des neuen Menschen. Die Fürsorgeaufgabe bringt es mit sich, dass sich ihr Fokus für eine Weile stark verengt. Denken und Fühlen sind von nun an primär auf das Kind gerichtet. Für andere Impulse, andere Gedanken ist kaum noch Platz. Gespräche mit kinderlosen Freundinnen und Freunden verlieren ihre Bedeutung, die Themen der Firma rücken an den Rand. Im Vordergrund steht die gesunde Entwicklung des Kindes und dann auch schon bald der eigene Schlaf. Die geistigen Interessen der Mütter werden von nun an von der Befindlichkeit des Kindes diktiert. Dieser Verlust von geistiger Selbstbestimmung kann bei vielen Frauen ein Gefühl von Gefangensein entstehen lassen.

»Ich fühle mich wie eine Sklavin« – Der Verlust zeitlicher Selbstbestimmung

》Es war ein Abend, an dem ich mit meinem Mann, seinen Eltern und seiner Schwester beim Abendessen saß. Ich hatte gerade gestillt, und unser Baby schlief oben im Zimmer im Obergeschoss. Meine Schwiegermutter und die Schwägerin sagten mir: ›Die Tür zum Obergeschoss kannst du offen lassen, du hörst, wenn das Baby weint. Keine Sorge.‹ Keine Sorge? Die Tür offen lassen?! Ich hätte die Tür am liebsten ganz zugemacht, damit ich überhaupt nichts mehr hören muss. Den ganzen Tag hatte sich alles nur um unser Kind gedreht: stillen, wickeln, stillen, baden, spielen, tragen, trösten, stillen. Dazwischen aufräumen, sauber machen, einkaufen. Keine fünf Minuten hatte ich an diesem Tag nur für mich gehabt. Selbst ins Bad musste ich unser Kind mitnehmen. Ich fühlte mich wie eine Leibeigene. Jetzt wollte ich einfach nur Feierabend haben. Schichtwechsel. In Ruhe essen, mit Erwachsenen reden. Mich als Frau fühlen. Warum versteht das niemand?!《 Luba, 29

Luba war sehr verliebt in ihr Kind, dennoch sehnte sie sich nach der Zeit, es für einige Stunden in andere liebevolle Hände geben zu können. Natürlich kümmerte sich auch ihr Mann um das gemeinsame Kind. Abends, vielleicht für eine Stunde, schmuste und spielte er mit ihm. Baden und wickeln, und später auch das Füttern, hatte er ebenfalls zu seinem Job gemacht (wenn er denn da war). Auch entlastete er Luba immer mal wieder nachts, ging zu seinem weinenden Kind, suchte den Schnuller und legte seine Hand beruhigend auf das gespannte Bäuchlein. Luba wollte nicht klagen.

Mit dem ersehnten Krippenplatz kam dann aber leider nicht die ersehnte Ruhe und die erhoffte Zeit für sich selbst. Denn selbstverständlich nahm Luba ihre Arbeit wieder auf. Sie wusste, wenn sie über das gesetzlich zugesicherte Maß hinaus aus dem Arbeitsleben ausscheidet, riskierte sie für sich persönlich ein zu geringes Lebenserwerbseinkommen. Und natürlich freute sie sich auch auf ihre Kolleginnen und Kollegen und auf eine Tätigkeit, die ihr lag und für die sie in eine lange Ausbildung investiert hatte.

Nun galt es also, morgens pünktlich aus dem Haus zu kommen. Sich selbst und das Kind fertig machen. Für das Kleine trockene Windeln am Po, frische Ersatzkleidung in der Kindertasche, die Regenkleidung nicht vergessen. Und auch sie selbst wollte nicht mit Breiflecken auf dem Pulli bei der Arbeit erscheinen. Egal wie die Nacht war: Luba stand jetzt morgens schon sehr früh auf, lange bevor ihr Kleines nach ihr verlangte. Nur so konnte sie alles ohne großen Druck auf die Reihe bekommen. Am Nachmittag hetzte sie dann aus der Firma, unzufrieden, weil sie wieder mal ein Projekt nicht abschließen konnte. Aber sie wollte keine »Rabenmutter« sein, die ihr Kind als Letzte abholt. Und dann ging es auch schon weiter mit Einkaufen, Saubermachen, Essenkochen. Sie war mit »nur« 25 Stunden Erwerbsarbeit eingestiegen, also schien es klar zu sein, dass sie auch den Haushalt weiterführt. Und natürlich sollte es auch noch »Quality-Time« mit dem Kind geben: Spielplatz, kuscheln, Bilderbücher anschauen, Tränen trocknen. Später dann die musikalische Früherziehung und das Kinderturnen. Eine kleine Auszeit für sie selbst blieb da nicht übrig.

Erwerbsarbeit ist Erholung

Frauen sagen nicht selten: Wenn ich bei der Arbeit bin, ist das Erholung für mich. Ich kann mit Kolleginnen und Kollegen Absprachen treffen, wann ich erreichbar bin. Oder sie auch mal bitten, ein paar Minuten zu warten. Ich kann in gewissem Rahmen selbst bestimmen, wann ich welche Arbeit erledige. Ich kann mich mit etwas beschäftigen, was mich interessiert, womit ich mich gut auskenne. Ich kann mit Erwachsenen reden. Ich kann mich auch mal eine Minute rausziehen. Ich kann in Ruhe auf Toilette gehen. Ich kann mich auf eine Sache konzentrieren. Ich kann eine Mittagspause machen und dabei frei entscheiden, ob ich zum Lunch gehe oder lieber alleine eine Runde um den Block drehe. Ich kann einen Gedanken zu Ende denken und Vorgänge abschließen. Ich werde auch entlohnt, wenn ich mal krank bin. Ich kann mich überhaupt abmelden, wenn ich krank bin. Und in bestimmten Fällen kann ich auch mal was aufschieben, ohne dass gleich die Welt untergeht.

In der Familienarbeit sieht es dagegen ganz anders aus. Hier ist alles wichtig und dringlich zugleich. Die Not des Kindes muss jetzt gestillt werden. Das geht nicht später. Schularbeiten müssen heute noch erledigt werden. Streit muss jetzt geschlichtet werden. Formen des Umgangs müssen jetzt festgelegt werden, wenn das Miteinander gestört ist. Die Zahnklammer muss auch diese Nacht getragen werden. Zähneputzen darf nicht vergessen werden, und vorher muss auf jeden Fall die Schultasche gepackt sein.

Arbeitsteilung

Wäre das Problem gelöst, wenn es genug Kinderbetreuungen gäbe? Sicherlich nicht! Diese Idee ist Augenwischerei, die den täglichen Einsatz der Eltern, sprich vor allem den Einsatz der Mütter, weiter entwertet. Natürlich ist ein guter Kita- oder Schulplatz wichtig. Aber die Erziehung und Fürsorge für das Wohl der Kinder und das Zuhause liegt auch weiterhin in den Händen der Menschen, die für die persönliche Fürsorge der Kinder zuständig sind.

Also gilt es, die Partner mehr einzubinden, damit die Mütter auch mal durchatmen können. Doch häufig hören wir stattdessen die Sätze: »Die Frauen können nicht loslassen, wollen alles kontrollieren, wissen alles besser, sind zu pingelig. Da kann man nur alles falsch machen. Da lasse ich lieber gleich die Finger von.«

Und die andere Seite: »Bis ich meinen Mann eingebunden habe, habe ich es schneller selbst gemacht.«

»Selber schuld«, sagen die Männer und reiben sich die Hände.

Wie kommt das?

Dass die Frauen vieles besser wissen, was Kind und Haushalt anbelangt, war im vorangegangenen Kapitel schon Thema. Durch die intensive Zeit mit ihrem Neugeborenen haben sie eine herausfordernde Lehre im Schnelldurchlauf gemacht. So können sie schon frühe Signale ihres Kindes wahrnehmen, sie entsprechend deuten und angemessen beantworten. Mütter handeln, bevor es zu einer Eskalation kommt. Väter, die diese intensive Zeit mit ihrem Nachwuchs nicht erlebt haben, verstehen oftmals nicht gleich, was mit ihrem Kind los ist, und verhalten sich entsprechend unangemessen. Mütter sehen die Folgen und schreiten ein, bevor es zu spät ist. Das führt zwangsläufig zu Konflikten in der Partnerschaft.

Genauso ist es mit der Hausarbeit. Mütter haben gelernt, mit einem nicht berechenbaren Kind an ihrer Seite alle anfallenden Haushaltstätigkeiten sehr effizient zu erledigen. (Übrigens ein großer Vorteil für alle Arbeitgeberinnen und Arbeitgeber.) Während sie eine Tätigkeit ausführen, planen sie schon die nächste, machen manchmal zwei oder drei ineinander verzahnte Dinge gleichzeitig. Männer machen, scheinbar klugerweise, weil Multitasking ja ein Ding der Unmöglichkeit ist und Stress verursacht, eins nach dem anderen. Wenn sie in den Keller gehen, um Wasser zu holen (vielleicht weil ihre Frau sie darum gebeten hat), holen sie Wasser. Fertig. Feierabend. Wenn Mütter in den Keller gehen, um Wasser zu holen, sammeln sie auf dem Weg nach unten noch die verschwitzten Socken ein, die im Flur liegen, und füllen gleich mal die Waschmaschine neu. Beim Hochgehen nehmen sie die Sachen aus dem Trockner mit und klemmen sich die drei Flaschen Wasser unter den Arm, um die Minute zu sparen, die ein weiterer Gang in den Keller kosten würde. Aber nicht nur die Minute kann gespart werden, sondern auch die Gedanken an die Wäsche können den Kopf erst einmal verlassen.

So werden viele Tätigkeiten von Müttern im Vorübergehen abgewickelt, sind erledigt, bevor sie sich angehäuft haben und in die Sichtbarkeit gelangt sind. Das erklärt die irritierenden Ergebnisse der repräsentativen Oxfam-Umfrage[3] aus dem Jahr 2020, in der fast 50 Prozent der Männer, die mit einer Partnerin zusammenleben, davon ausgehen, dass die Hausarbeit fifty-fifty gerecht mit ihrer Partnerin aufgeteilt ist, während dies nur etwa ein Viertel der Frauen, die in einer Partnerschaft leben, so sieht. Und das ist nur die messbare äußere Erscheinung. Denn der endlose Strom an Gedanken, der um Haushalt und Kinder kreist, kann von keiner Statistik erfasst werden.

Mental Load

Der Weg in den Keller ist nicht einfach nur ein Weg in den Keller, denn schließlich spielen die Kinder gerade oben alleine, und wer kann sich schon sicher sein, dass sie keinen Unfug anstellen. Man ist noch auf der Treppe, da hört man schon das Geschrei und muss blitzschnell entscheiden – ist es Spielgeschrei oder ein Unfall? Muss man alles aus der Hand fallen lassen und rennen? Oder atmen und gerade jetzt erst recht langsam gehen, damit die Kids das selbst hinkriegen mit dem Konflikt. Apropos Konflikt. Sind die Kinder eigentlich altersgemäß entwickelt? Oh, der Termin beim Kinderarzt steht nächste Woche an. Ich muss noch Ballett absagen. Und zum Zahnarzt müssten sie auch mal wieder. Termin ausmachen nicht vergessen. Ach ja, und dem Partner sagen, dass neues Wasser gekauft werden muss. Und überhaupt, hat er eigentlich schon das Geschenk für die Schwiegermutter besorgt?

Diesen Gedankenstrom nennt man »Mental Load«, geistige Last, und er bedeutet, immer an alles denken müssen.[4] Diese Last ist unsichtbar, wird aber genauso getragen, wie die Lasten der Erwerbs- und Sorgearbeit. Mental Load ist die Voraussetzung für die Organisation des Alltags. Ein Strom an Gedanken, der nie aufhört, weil der Strom an sich ständig verändernden Aufgaben und Verantwortungen in einer Familie eben auch nie aufhört. Würde man den Gedankenstrom einer sich kümmernden Person notieren – die tausend Seiten von James Joyces *Ulysses* würden nicht ausreichen, um einen Tag abzubilden.

»Ich bin nur noch dabei, den Kopf über Wasser zu halten, damit ich nicht absaufe«, umschreibt es Birgit. »Und dazu habe ich ständig das Gefühl, dass ich irgendwas falsch mache, weil ich mich so furchtbar belastet und erschöpft fühle.« Atem holen, zu sich kommen, Kraft schöpfen, neue Ideen (auch für Hilfssysteme) entwickeln – dazu kommen Menschen, die sich um andere, vor allem um ihre Heranwachsenden kümmern, einfach nicht mehr.

Kein Raum für sich

Die meisten Frauen haben nicht einmal ein Zimmer oder auch nur einen Platz in der Wohnung, der nur für sie bestimmt ist. »Wenn ich einmal für eine Minute meine Ruhe haben möchte, schließe ich mich im Badezimmer ein«, erzählt eine Mutter. Eine andere erledigt alle wichtigen privaten Gespräche, wenn sie von der Arbeit nach Hause läuft, übers Handy, weil zu Hause immer jemand reinquatscht. Eine andere Frau bleibt bis spät abends wach, um ein paar ungestörte Momente zu haben.

Wie tief diese ganz alltägliche Grenzüberschreitung der Mütter greift, wurde während der Pandemie überdeutlich. Sehr viele Arbeitnehmende mussten im Homeoffice arbeiten. Männer bezogen ein Arbeitszimmer, statteten das Schlafzimmer mit einem Schreibtisch aus und machten die Tür zu, wenn sie sich morgens in den Online-Job einloggten. Und die Frauen? Die saßen mit ihren Laptops am Küchentisch und versuchten irgendwie, die eigene Arbeit mit dem Homeschooling der Kinder zu verbinden. Was natürlich nicht klappte. Die Folge: Sie arbeiteten abends weiter, wenn die Kinder im Bett waren. Ihr Leben reduzierte sich nicht nur räumlich, sondern auch zeitlich auf ein Minimum an selbst bestimmter Zeit.

In meinen Burnout-Präventions-Seminaren stelle ich immer wieder fest: Die Frauen sind es so gewohnt, ihre Bedürfnisse hintanzustellen, dass ihnen spontan gar nichts mehr einfällt, was sie gerne machen würden, wenn sie mal Zeit hätten. Als ich Elena ansprach, was sie denn gern tun würde, füllten sich ihre Augen mit

Tränen. Sie fühlte, dass es da eine Sehnsucht gab. Aber sie hatte keine Idee mehr. Während sie ihre ganze Aufmerksamkeit auf das Leben ihrer Familie richtete, hatte sie den Kontakt zu sich selbst, zu ihren Kraftquellen verloren. Sie war dünnhäutig geworden. Sie fing an, ihre Kinder anzuschreien. Sie hasste sich dafür und merkte doch: Sie kann nicht anders. Sie schämte sich, weil sie nie so eine unbeherrschte Mutter sein wollte. Und sie fing an, Angst vor sich selbst zu bekommen.

Im Alltag mit Kindern ist kaum Platz für eigene Pläne. Muttersein bedeutet permanente Verfügbarkeit, kein ›Zimmer für sich‹, keine Pausen. Der Mental Load bindet alle Kräfte. Über die eigene Lebenszeit nicht mehr verfügen zu können, fühlt sich an wie eine Gefangenschaft im Hamsterrad.

»Plötzlich war ich raus« – Der Verlust von Sichtbarkeit

In dem Blockbuster »Die Unglaublichen« geht es um eine Familie, in der jeder und jede eine Superkraft besitzt. Vater Bob ist unglaublich stark, die Mutter ist »Elastigirl« und kann ihre Gliedmaßen in jede Richtung verlängern. Tochter Violetta hat die Fähigkeit, sich unsichtbar zu machen, Sohn Robert ist superschnell, und Baby Jack-Jack entdeckt mit viel Freude seine vielfältigen Superkräfte. Im ersten Teil des Films rettet die Familie die Welt. Im zweiten Teil ist der Ruhm der fünf verblasst, und sie sind gezwungen, ihre Kräfte zu verstecken und ein normales Leben zu führen. Das Leben ist ziemlich langweilig geworden. Doch dann bekommt die superelastische Mutter einen Auftrag für einen Einsatz als Superheldin – rauscht begeistert davon und übergibt ihrem Mann Kinder, Küche und Verantwortung fürs traute Heim. Man könnte meinen, kein Problem für einen superstarken Superheldenvater. Doch weit gefehlt. Während die unglaubliche Mutter auf einem spacigen Motorrad mit mehr als 200 Kilometer pro Stunde Verbrecher jagt und einen außer Kontrolle geratenen Zug zum Stoppen bringt, klingelt ihr Telefon. Der Sohn ist dran und fragt: »Wo sind meine Turnschuhe?« Er muss zum Sport, kann die Turnschuhe nicht finden, und was liegt da näher, als die Mutter anzurufen?! Und das wirklich Unglaubliche an der unglaublichen Superheldin ist, dass sie ihrem Kind ganz selbstverständlich eine freundliche Antwort gibt.

Die Arbeit im Stillen

Wir lachen über diese Szene, die doch so treffsicher beschreibt, wie Mütter ihren Alltag erleben: Sie haben stets das Gefühl, im Turbogang durch die Welt zu rasen, um allen Anforderungen gerecht zu werden. Und vieles, was sie erledigen, läuft irgendwie nebenbei. Jede Mutter kennt die Situation, dass sie ein Baby auf dem Arm trägt, mit der anderen Hand im Milchreis rührt und dabei auch noch ein Telefonat entgegennimmt. Oder dass sie das Meeting bis zur letzten Sekunde bestreitet, dann vom Job nach Hause rast, unterwegs aber doch noch drei Milchtüten und frisches Obst ergattert und dennoch fast pünktlich an der Kita ist. Viele Frauen fühlen sich wie Elastigirl. Und genau wie die Superheldin sprechen sie nicht darüber, was sie alles erledigen. So wahnwitzig das ist: Familienarbeit ist unsichtbar! Bei Normalos ebenso wie bei Superheldinnen. Sie ist unsichtbar, weil es so selbstverständlich ist, dass Mütter das tun. Und Frauen hinterfragen diese Anforderungen auch kaum.

Nicht nur die geistige Arbeit des Mental Load findet demnach im Unsichtbaren statt, sondern auch viele Bereiche der täglichen Sorge werden von Außenstehenden weder gesehen noch wertgeschätzt: Mütter machen die Kinder im Vorbeigehen für die Kita oder die Schule fertig, kaufen auf dem Heimweg vom Job mal eben schnell ein, putzen abends oder frühmorgens die Wohnung oder in den freien Minuten zwischendrin, telefonieren in der Jobpause mit den Verwandten oder organisieren den Urlaub und beruhigen oder aktivieren die Kinder während der Mittagspause von der Firma aus. Sogar die Mütter selbst halten diese Aktivitäten rund um die Sorgearbeit versteckt. Fast so, als hätten sie einen nicht genehmigten Zweitjob. Sie sprechen in der Firma kaum darüber, und kaum eine Frau, die sich als beruflich engagiert ansieht, setzt sich dafür ein, dass das letzte Meeting des Tages zehn Minuten kürzer ist, damit sie entspannt zum Einkaufen kommt, bevor die Kita schließt.

Frauen haben die Abwertung der Care-Arbeit derart verinnerlicht, dass sie häufig sogar andere Frauen abwerten, die ihrer Fürsorgearbeit ausreichend Zeit einräumen wollen. Sei es, dass man die Kollegin für faul hält, die pünktlich geht, um ihre zweite Schicht als Familienmanagerin anzutreten. Sei es, dass man über Mütter lästert, die gestresst sind, weil eine Schulentscheidung für das Kind ansteht. Sei es, dass Chef:innen mit den Augen rollen, wenn eine Mitarbeiterin Kind-krank-Tage nimmt. Sei es, dass eine Frau sich für einige Jahre zu 100 Prozent auf ihre Care-Arbeit fokussieren will. Die »Hausfrau und Mutter« hat auch unter vielen Frauen keinen guten Ruf. Und die Frau, die früher aus dem Meeting geht, um zur Kita zu kommen, wird auch von der weiblichen Führungskraft oder den Kolleg:innen häufig belächelt, bemitleidet oder als »falsch in den Prios« eingestuft. Wenn sie dennoch geht, hat das sofort Konsequenzen für die Karriere. Wer dazugehören und vorankommen will, muss fraglos Präsenz im Job zeigen.

Kaum Zugehörigkeiten für berufstätige Mütter

Der Effekt: Berufstätige Mütter fühlen sich kaum irgendwo zugehörig. Im Job haben sie die Sorge, nicht genug zu schaffen oder nicht ernst genommen zu werden. Keine After-Work-Party sorgt für Verbindung, nicht mal für den Plausch in der Firma ist Zeit, weil die zweite Schicht mit den Kindern wartet. Informelle Infos, die Schmiere im Getriebe des Arbeitslebens, erreichen sie nicht, weil sie pünktlich losmüssen. Der Plausch mit den anderen Müttern beim Abholen der Kinder entfällt, weil der Haushalt wartet. Selbst der Kontakt mit dem Partner beschränkt sich häufig auf die rasche Übergabe des Staffelstabes. In den meisten Fällen ist die ganze Hetzerei dann auch noch von einem ständig schlechten Gewissen begleitet, weil man das Gefühl hat, keinem Lebensbereich wirklich zufriedenstellend gerecht werden zu können.

Natürlich könnte man jetzt sagen: Frauen, ihr müsst die Ansprüche runterschrauben. Aber das wäre auch keine Lösung. Denn das Gefühl von Gelingen hat viel mit dem Gefühl der Zugehörigkeit zu tun. Wenn ein Team im beruflichen Kontext gut funktioniert, dann feiert es die Erfolge zusammen und erträgt auch die Niederlagen gemeinsam besser. Doch Mütter arbeiten häufig als Einzelkämpferinnen. Die ständige Zeitnot macht jede Verbindung zunichte. Letztlich führt so der Druck auf Frauen dazu, dass sie vereinzeln. Und daher kommt auch das Gefühl, nirgendwo zu genügen.

Dazu kommt, dass kein Lebensbereich mit dem anderen verbunden ist. Sorge- und Erwerbsarbeit, Familie, Kita, Schule, Firma stehen oft als einzelne Säulen nebeneinander oder stehen sich sogar konflikthaft gegenüber, statt miteinander zu korrespondieren. In einer mütterfreundlichen Welt würden sich Erzieher:innen, Lehrkräfte und Eltern gegenseitig in der Fürsorge fürs Kind unterstützen. Stattdessen fühlen sich Mütter häufig von den Pädagog:innen noch zusätzlich unter Druck gesetzt.

Und sogar die Partnerschaft – die eigentlich eine Stütze sein sollte – wird in einem typischen Mutterleben schwierig. Da ist zum einen wenig Zeit für Liebesgeflüster. Und weil die Care-Arbeit meist nicht in dem tatsächlichen Umfang wahrgenommen wird, haben noch nicht einmal die Partner Verständnis für den Stress. Häufig heißt es dann: »Hetz doch nicht so rum«, »Entspann dich mal«, »Lass mal locker«, »Du bist in letzter Zeit so schwierig geworden«, »Das macht überhaupt keinen Spaß mehr mit dir«. Bekommt das Paar hier nicht bald guten Boden unter die Füße, ist die Scheidung nicht weit.

Vereinzelung

Ein Grund dafür, dass die Situation derart eskaliert, liegt auch an unserem Traum vom Wohnen, der den Zugriff auf private Hilfssysteme stark einschränkt. Hierzulande besteht das Familienideal in einer privaten Kleinfamilie, die für sich in einer gemütlichen Wohnung oder einem Häuschen lebt. Weitere Familienangehörige sind berufsbedingt häufig weit weg und spielen schon von daher keine große Rolle mehr. Auch ein rascher Zugriff auf kleine, kurzfristige Unterstützungen durch die Nachbarschaft ist nicht immer möglich, weil die Menschen nebenan oftmals kaum bekannt sind. Nicht aus bösem Willen oder Desinteresse, sondern ganz schlicht aus rein zeitlichen Gründen und den damit verbundenen mangelnden Gelegenheiten für einen kleinen Plausch zwischen Job, Haushalt und Familienorganisation. Damit ist die heutige Kleinfamilie auf sich selbst zurückgeworfen. Den heutigen Familien fehlen die »Bandscheiben«, die die großen Bereiche Erwerbsarbeit, Kita, Schule und Hausarbeit geschmeidig miteinander verbinden. Es fehlen Großeltern, Tanten, Onkels, Wahlverwandte und Nachbarn.

Wir brauchen aber nicht nur Zeit, sondern auch die entsprechenden Strukturen, die kurze, unverbindliche Begegnungen und einen entspannten Austausch überhaupt erst möglich machen. Und daran mangelt es: Unsere Wohnungen, vom repräsentativen Einzelhaus bis zum sozialen Wohnungsbau, sind geschlossene Gebilde, die strukturell viel Privatsphäre, aber meist wenig Kontakt mit den Nachbarn ermöglichen. In den meisten Wohnvierteln fehlen die Zwischenräume, in denen sich Menschen begegnen können für Austausch und gegenseitige Unterstützung. Natürlich gibt es Spielplätze in den Wohnvierteln, manchmal auch Cafés und Parks in der Nähe, wo man sich treffen und austauschen kann – und für viele Mütter wird dies ein enorm wichtiger Ort des Austausches und der Vernetzung. Es gibt auch einzelne genossenschaftliche oder privat organisierte Wohnmodelle, die der gegenseitigen Unterstützung mehr Raum geben. Doch häufig fehlen einladende Orte, an denen man sich gerne trifft. Gerade in den Großstädten ist die Bebauung eng, häufig gibt es keine Gärten, die zu den Wohnanlagen dazugehören. So lebt der Großteil der Familien in den Städten in gewisser Weise in ihrer eigenen kleinen Welt.

Der Vorteil der Privatsphäre und der individuellen Lebensführung droht in die Isolation zu kippen. Und weil die individuelle Problemlösung scheinbar die einzige ist, die uns zur Verfügung steht, lösen viele gestresste Familien auch dieses Problem wie so häufig auf individuelle Weise: Die Familien ziehen aufs Land. Weil sie sich nach mehr Luft und Grün sehnen, nach einem Umfeld, wo Kinder sicher spielen können, nach mehr Platz. Doch die Frauen vereinzeln dort häufig noch mehr. Denn meist führt dieser Umzug ins Grüne zu einer Tradierung der Rollen: Der Mann geht mehr arbeiten, fährt weiter zum Job in die Stadt und ist weniger zu Hause. Die Frau übernimmt mehr Arbeiten im Haushalt und rund um die Kinder. Sie reduziert ihre beruflichen Ambitionen, da sie noch mehr als vorher in Haus und Hof zu tun hat. Und weil die entsprechenden Infrastrukturen fehlen und die Kinder nicht zu kurz kommen sollen, übernimmt sie jetzt auch noch den »Taxidienst« zu Freunden und Hobbys. Kurz: Auch diese Art der Lösung familiärer Probleme geht letztendlich wieder zu Lasten der Frau. Für ihr Bullerbü verzichtet sie nicht nur auf das breite Kulturangebot der Stadt und in der Regel auch auf ihre berufliche Selbstverwirklichung und persönliche Weiterentwicklung, sondern auch auf so manche Freundschaft.

Damit kommt – häufig schleichend und ganz unbemerkt – zu dem in den vorigen Kapiteln beschriebenen Verlust von körperlicher, geistiger und zeitlicher Selbstbestimmung auch ein Verlust sozialer Selbstbestimmung. Man kann sich natürlich fragen, warum tun die Frauen dies? Häufig beruhen die Entscheidungen ja auf einer bewussten Überlegung. Doch hier zeigen sich schlicht die vielen widersprüchlichen Anforderungen, die Frauen ausbalancieren müssen, wenn sie Mütter werden. Und da sie sich selbst häufig mit der Familiengründung in die zweite Reihe stellen, richtet sich eben auch die Entscheidung für den Wohnort häufig an den Fragen aus: Was ist gut für die Kinder? Welches Idealbild haben wir für unsere Familie? Die Nachteile dieser vordergründig gewünschten Entscheidungen zeigen sich deshalb erst auf den zweiten Blick. Und sie gehen in der Regel zu Lasten der Frau.

»Ich komme in meinem Leben gar nicht vor« – Der Verlust von Teilhabe

Der Kopf rauscht. An alles wird gedacht – nur nicht an sich selbst. Dafür ist einfach keine Zeit. Interessante soziale Kontakte, ein lustiges Treffen mal wieder mit den Mädels, Musik, Kultur, Politik? Bitte nicht auch das noch! Mich fragen, wie es mir geht, was ich brauche? Bitte nicht! Ich schaffe das alles doch so schon kaum! Da ist keine Zeit für Extras! Weitergehen, weiteratmen – funktionieren eben – wie eine Maschine, nicht fühlen.

Die Organisation des Alltags überlagert jedes weitere Denken

Warum organisieren sich die Frauen nicht einfach besser, könnte man fragen. Schließlich sind die meisten Frauen, bevor sie Mütter wurden, ziemlich gut organisiert und auch im Job mit den Männern häufig gleichauf. Oftmals heißt es dann, dass Frauen nicht gut genug loslassen könnten. Dass sie einfach nur mehr delegieren müssten. Aber das ist zu kurz gedacht.

Welche unerwarteten Belastungen auf Frauen, die Mütter geworden sind, auch noch Jahre nach der Kleinkindzeit zukommen können, zeigt die Geschichte einer Teilnehmerin: Sie war den Tränen nahe. Denn sie begriff einfach nicht, was sie falsch machte. Die 45-Jährige war erfolgreich im Job, hatte ihr Studium in kürzester Zeit absolviert. Ein paar Jahre nach dem Einstieg in den Job genau zum richtigen Zeitpunkt ein Kind bekommen, um nach den ersten Babyjahren noch ein Stück die Karriereleiter hochzuklettern. Den Spagat zwischen Beruf und Familie hatte sie als fordernd, aber machbar erlebt. »Im Job habe ich mich in gewisser Weise intellektuell erholt und meinen Akku für das Familienleben aufgefüllt«, erzählt die Betriebswirtin. Mit ihrem Mann hatte sie sich vieles rund um den Haushalt geteilt. Wenn andere Frauen sagten, dass sie Haushalt und Job nicht nebeneinander hinbekommen, konnte sie das nicht richtig verstehen. Es sei natürlich gute Organisation und eine klare Erziehung nötig, aber dann ginge doch fast alles.

Nun war sie Abteilungsleiterin, der Sohn sechzehn Jahre alt. Und plötzlich steckte sie fest. Sie merkte, dass sie im Job nicht mehr so konzentriert war, wie es ihre Position erforderte. Sie fühlte sich ständig gestresst und überfordert. Was war passiert? Ihr Sohn hatte sich mit der Pubertät zu einem fordernden Menschen entwickelt. Während er früher gern in die Schule gegangen war, verweigerte er nun jedes Lernen, schwänzte oft und schrieb entsprechend schlechte Noten. Aber was sie noch viel mehr bedrückte: Sie konnte mit ihrem Sohn nicht mehr reden. Wenn sie ihn etwas fragte, antwortete er knapp. Aber sobald sie nach der Schule fragte, ging er in sein Zimmer. Schloss sich manchmal stundenlang ein. »Mich beschäftigte gar nicht so sehr, dass er nicht in die Schule geht. Man kann ja mit sechzehn abgehen. Aber ich hatte das Gefühl, dass ich ihn gar nicht mehr verstehe.«

Den ganzen Tag kreisten ihre Gedanken um die Situation zu Hause. Sollten sie den Sohn doch mal zu einem Psychiater schicken? Braucht er vielleicht einen Freund? Konnte ihr Mann vielleicht mit ihm sprechen? Sollte man einfach abwarten? Ist das nicht vielleicht normal in der Pubertät? Vielleicht brauchte am Ende sie selbst eine Beratung. Vielleicht war sie zu perfektionistisch. Aber es gab doch auch so viele Jugendliche, die eine Depression entwickelten. Und waren Jungs in diesem Alter nicht besonders suizidgefährdet? Im Gespräch mit ihrem Mann fand sie keine Hilfe. Er sah in dem Geschehen letztlich kein Problem. Aber sie erinnerte sich, dass er schon öfter emotionale Themen nicht hatte sehen wollen, die am Ende doch wichtig gewesen waren. Also war er auch keine Entlastung. Ihre Gedanken kreisten weiter und füllten ihren Kopf.

Dieser Mutter machte der Mental Load erst angesichts der schwierigen Pubertät ihres Sohnes so richtig zu schaffen. Doch auch ein ganz normales Familienleben mit all den großen und kleinen Dingen, die es zu bedenken gilt, füllt den Kopf mit unzähligen Gedanken und To-dos. Und auch, wenn man in einem Moment denkt, man hätte alles im Griff, kann es im nächsten Moment schon wieder ganz anders sein. Denn: Jedes Kind ist wie ein Überraschungsei. Wir wissen nicht, welcher Mensch mit der Geburt in unser Leben tritt. Und wir können nicht wissen, wann uns dieses Kind mehr fordern wird oder mehr Fürsorge benötigt, als wir eingeplant haben.

Je mehr Menschen wir lieben, desto größer ist die Angriffsfläche des Schicksals. Und Schicksal ist eben Schicksal, das ist nicht berechenbar. Wir können nicht voraussahen, ob und wann die Schwiegermutter mehr Hilfe von unserer Seite benötigt oder ob die Partnerschaft zu kriseln beginnt. Ob Geldsorgen zu bewältigen sind oder eine Ernährungsumstellung aus gesundheitlichen Gründen nötig ist. In der Familie aus der Werbung kommen Neurodermitis, Lernschwäche und Nachtschreck nicht vor.

Mit dabei oder abgehängt?

Die Listen, die Mütter täglich im Job, im Haushalt und für ihre Kinder abarbeiten, sind schier endlos. Und täglich kommen neue Aufgaben hinzu. Die Effekte: Man schläft bei der Tagesschau ein – oder schafft es gar nicht erst zur Tagesschau, weil man noch per WhatsApp die Dinge rund um das Fußballtraining des Kindes organisiert, die Trikots der Mannschaft wäscht oder ganz schlicht sich noch mal für die Firma an den Rechner setzt. Die Müdigkeit ist zu groß, um sich Dinge selbst zu erarbeiten. Ein Sachbuch oder Fachbuch am Abend? Das schafft kaum eine! Weiterbildung? Super anstrengend! Auswärts noch an Politik oder Geschehnissen im Viertel teilnehmen? Undenkbar! Selbst in der eigenen Wohnstraße Tempo 30 durchzusetzen, kostet auf Dauer zu viel Energie. Größere Zusammenhänge durchschauen, sich eine eigene Meinung bilden und sie vertreten – auch in der Firma –, dafür fehlt schlicht die Zeit und die Kraft. Und weil man sich irgendwann politisch nicht mehr wirklich up to date fühlt, hört man irgendwann auf, bei den Gesprächen mithalten zu wollen. Frauen in der Sorgearbeit sagen sehr häufig, wenn es um Politik oder Gesellschaftsthemen geht: »Ach, da kenne ich mich nicht so gut aus.« Und werden zu stummen Zuhörerinnen. Die soziale Teilhabe geht verloren.

Wer aber soziale Teilhabe erlebt, fühlt sich in eine Gesellschaft eingebunden. Kann mitgestalten, kann dafür sorgen, sich in seinem Umfeld wohlzufühlen, die eigene Wirksamkeit zu spüren. Soziale Teilhabe ist eine wichtige Voraussetzung für unsere Demokratie und eine bedeutsame Gesundheitsressource. Fehlt die soziale Teilhabe, fühlt man sich dagegen schnell im Stich gelassen. Die Gesellschaft geht einen nichts mehr an. Kultur, Politik oder das Geschehen in Stadt und Land werden eher von außen angesehen. Ein Gefühl von Ausgegrenztsein entsteht.

Studien zeigen, dass wir, wenn wir uns sozial ausgegrenzt fühlen, den gleichen Schmerz erleben, wie wenn uns jemand körperlich verletzt. Im Gehirn reagiert das gleiche Schmerzzentrum bei Ausgrenzung wie bei einem körperlichen Angriff. Unsere Reaktion ist entsprechend ähnlich: Wut! Den Effekt konnte man in den Corona-Zeiten sehr gut beobachten: Einige Menschen, die sich von der Politik übergangen und ausgegrenzt fühlten, wurden zunächst wütend und schlossen sich dann zu neuen, alternativen Gruppen zusammen. Eine neue, wohltuende Zugehörigkeit entstand, die dazu führte, dass sich diese Menschen bald nur noch an den Werten dieser neuen Gruppe orientierten. Sie bezeichneten sich selbst als Querdenker und erlebten sich als wichtige Kritiker dieser Gesellschaft. Zunehmend bezeichneten sie alles, was von öffentlicher Seite kam, als fragwürdig, wenn nicht sogar als Lüge. Das Bedürfnis nach Zugehörigkeit und Teilhabe überlagerte jedes kritische Denken und erschütterte all jene, die mit guten Argumenten Überzeugungsarbeit leisten wollten.

Aber kann sich nicht jede Mutter einfach entscheiden, ob Politik oder Kultur für sie wichtig sind? Statt die Wohnung aufzuräumen oder neue Sportschuhe zu kaufen, könnte man ja ins Museum gehen oder für das Klima demonstrieren. Oder? Nein. Die meisten Frauen können das leider nicht. Denn die Rolle der Mutter ist für die meisten Frauen und auch aus gesellschaftlicher Sicht die Hauptrolle, solange die Kinder zu Hause leben. Da kann der Beruf noch so toll und gesellschaftlich relevant sein. Diese Rolle hat frau mit der Mutterschaft übernommen. Und auch, wenn es in der gesellschaftlichen Debatte häufig gesagt wird, dass es eine

Rolle unter vielen sei, die eine moderne Frau lebt, so ist es in der Verantwortung doch letztendlich die Hauptrolle. Das kann man leicht erkennen, wenn man sich Scheidungen ansieht. Eigentlich sollten Vater und Mutter ja gleichermaßen die Verantwortung für die Kinder spüren. Doch fast in allen Scheidungen gehen die Kinder mit der Mutter mit. Sogar weibliche Führungskräfte sagen in Interviews, wenn man sie nach dem Wichtigsten in ihrem Leben fragt: die Familie.

Die sozialen Räume, in denen berufstätige Mütter sich bewegen, sind eng

Mit der sozialen Teilhabe gehen auch die sozialen Kontakte verloren. Klar, wer sich im Betriebsrat engagiert, kennt mehr Menschen als die Person, die den Nachmittag mit den Kleinen beim Kinderarzt verbringt. Mütter bewegen sich häufig in einem zeitlich eng getakteten Rahmen zwischen Job, Zuhause, Spielplatz und Supermarkt. Da ist wenig Raum für Inspiration und Weiterentwicklung. Der Spielplatz könnte natürlich ein Ort sein, an dem sich Frauen austauschen und sich gegenseitig den einen oder anderen interessanten Job zuschanzen. Aber hier stehen meist die Kinder im Mittelpunkt, ihre Gesundheit, ihre Entwicklung. Verbindend ist an diesen Plätzen in der Regel die Sorgearbeit, nicht der Beruf.

In diesem kleinen Radius geht das Gefühl von Zugehörigkeit zu einem größeren gesellschaftlich Ganzen leicht verloren. Auch das Gefühl für berufliche Fähigkeiten und Ambitionen verschwindet zwischen Sandtörtchen und Rutsche. Es ist ein Teufelskreis: Die Last durch Mental Load und Familienverantwortung besetzt fast das gesamte Denken. Sie schiebt sich wie eine Wand zwischen die Frauen und ihre Wünsche jenseits des Familienlebens. Aus Zeitmangel kommen sie kaum noch raus aus dieser Blase. Die soziale, kulturelle und politische Teilhabe sinkt, und die Frauen verlieren das Gefühl von Nähe zu gesellschaftlichen oder beruflichen Möglichkeiten. Engagement in Schule, Kindergarten oder Sportverein geben für kurze Zeit ein Gefühl von Bedeutung, doch der Fokus bleibt weiter im Privaten. Das Gefühl, zu einem großen Ganzen zu gehören, nimmt für Menschen, die in der privaten Sorgearbeit tätig sind, immer weiter ab.

Diese Folge von Mental Load ist bisher kaum beachtet. Denn die faktische und mentale Belastung hält die Frauen von gesellschaftlicher Teilhabe ab und zerstört – man muss es so krass sagen – ihr Selbstwertgefühl. Viele Frauen haben nach den Familienjahren kaum noch ein Gefühl dafür, was sie der Arbeitswelt zu bieten haben. Sie fühlen sich politisch und kulturell wenig gebildet und fachlich nicht mehr auf der Höhe der Zeit. Das führt dazu, dass viele Frauen gar nicht mehr in ihren alten Beruf zurückgehen. Für das Selbstwertgefühl und die Selbstbestimmung ist das hart. Die Altersarmut ist eine weitere der gravierenden Folgen.

Mangel an Zeit ist kein Kriterium für das Bundesteilhabegesetz

Familie ist eine Herkulesaufgabe. Und Mütter (und auch alle anderen Menschen, die in einer Familie die fürsorgende Rolle übernehmen) haben den berechtigten Wunsch, dass in diesem lebendigen System dennoch Verlässlichkeit, Harmonie und Freude die Atmosphäre bestimmen. Dass alle sich aufgehoben und gesehen fühlen. Dass sich die Kinder gut entwickeln können und es eine lebendige Familie und Partnerschaft gibt. Fast logisch, dass in dieser Rolle persönliche oder berufliche Ambitionen immer in die zweite Reihe treten. Dass damit schlicht wegen mangelnder Zeit ein wesentlicher Teil von gesellschaftlicher Teilhabe wegfällt, ist den meisten nicht klar.

Das scheint auf den ersten Blick nicht so dramatisch zu sein, man hat ja stattdessen seine kleine Familie. Doch gesellschaftliche Teilhabe ist eine wichtige Gesundheitsressource. So wichtig, dass es dafür sogar ein Gesetz gibt: das Bundesteilhabegesetz (BTHG). Dieses Gesetz soll die Gleichstellung aller Menschen in Deutschland unabhängig von ihren Einschränkungen gewährleisten. Das Ziel ist, dass in unserer Demokratie alle Menschen gleichermaßen durch eine größtmögliche Barrierefreiheit an unserem gesellschaftlichen Leben teilnehmen und mitbestimmen können. Gedacht ist es zunächst einmal für Menschen mit körperlichen, geistigen oder seelischen Einschränkungen. Nicht mitgedacht sind dabei die Menschen, die durch die extreme Verdichtung ihres Alltags, also einfach mangels Zeit, nicht am gesellschaftlichen Leben teilnehmen können. Und das sind nun mal schwerpunktmäßig Eltern von heranwachsenden Kindern. Und klar: Besonders betroffen innerhalb dieser Gruppe sind diejenigen, die den Job der Fürsorge in ihren Verantwortungsbereich genommen haben. Also in der Regel die Mütter.

»Beruflich bin ich erst mal abgehängt« – Der Verlust von persönlicher Entwicklung und Karriere

In allen Firmen gibt es mittlerweile Seminare für die sogenannten Softskills: gesunde Führung, Konfliktfähigkeit, Teambuilding und agiles Projektmanagement, Umgang mit Belastungen und emotionale Intelligenz. Frauen, die Mütter geworden sind, verfügen genau über diese Softskills. Sie haben über Schwangerschaft, Geburt und das Leben mit ihren Kindern genau diese methodische, soziale und personale Kompetenz erworben. Im Umgang mit ihren Kindern sind sie gezwungen, täglich große Flexibilität, Empathie und Abgrenzungsfähigkeit zu beweisen. Sie haben gelernt, wie man auf kognitiv-emotionaler Ebene die Bedürfnisse eines Gegenübers erfasst, auch wenn sich dieses Gegenüber (noch) nicht entsprechend äußern kann. Sie haben es zu Meisterschaft in Konfliktmanagement, Streitschlichten und Mediation gebracht. Sie haben Kooperationsfähigkeit, Teambuilding und strategische Führung im Familienalltag trainiert. Sie zeigen eine hohe Leistungs- und Organisationsfähigkeit. Dazu Effizienz in Planung und Ausführung sowie Belastbarkeit auch unter Schlafentzug.

Das Gleichgewicht der Geschlechter

Wenn Beschäftigte nach einem Sabbatical wieder in die Firma kommen, sind alle neugierig darauf, wie sich die Person verändert hat. Was sie in ihrer Zeit getan, gesehen und gelernt hat. Auslandserfahrung wird gefeiert. Oder der Mut, mit dem Rad durch ein Land gefahren zu sein, im Bulli durch Europa. Aber bei Müttern? Obwohl sie im Leben mit Kindern solch ein dickes Portfolio an Kompetenzen erwerben, wird dies in der Arbeitswelt weder gewürdigt noch abgefragt. Vielmehr wird Müttern nachgesagt, dass sie eben nicht 100 Prozent für den Job da seien, weil sie ja noch die Kinder haben ... Sogar die Frauen selbst haben diese Sichtweise häufig übernommen. Sie schätzen ihre Fähigkeiten nicht als berufsrelevant ein und zeigen sie deshalb auch nicht offensiv. Auf einer versteckten Ebene könnte aber auch noch ein anderer Mechanismus eine Rolle spielen.

Ein Paar, das ich kennenlernen durfte, brachte mich diesbezüglich auf eine Spur: Die beiden lebten bereits lange zusammen, bevor sie ein Kind bekamen. Beide hatten gute Jobs im kreativen Bereich, fühlten sich sehr gleichberechtigt. Dann wünschten sie sich noch ein Kind als Krönung ihrer Beziehung. Und auch die Kindererziehung wollten sie genauso partnerschaftlich teilen wie alles zuvor. Die Geburt war schwierig, das Stillen ebenso – und in den Monaten, in denen die Frau sich intensiv um das Baby kümmerte, startete der Mann beruflich durch.

Das Paar kam zu mir, weil die Frau sehr unglücklich war und sich nach ihrer partnerschaftlichen, gleichberechtigten Beziehung zurücksehnte. Sie fühlte sich in gewisser Weise verraten, denn sie hatten es anders verabredet, und nun saß sie mit dem Kind alleine zu Hause, während er immer häufiger lange im Büro blieb. In der Beratung kam zum Vorschein, dass der Mann sich angesichts der enormen Leistung, die seine Frau rund um Geburt und Baby erbrachte, plötzlich minderwertig gefühlt hatte. Und gegen diesen Bruch im Selbstwertgefühl war er mit mehr Leistung im Job angegangen – und dies zog fast logisch nach sich, dass er neue und bessere Aufträge bekam, die er auch gern annahm. Innerhalb weniger Monate war er extrem erfolgreich geworden. Doch auch die Kluft zwischen den Partnern war riesig geworden. Sie die fürsorgende Mutter, er der Karrieremann. Beide waren unglücklich damit. Doch der Mann beharrte auf seinem Tun und erklärte es damit, dass er ja nun auch die Familie versorgen müsse. Auf die Einwände seiner Frau, dass sie ja auch wieder gut arbeiten und Geld verdienen könne, wenn er das Kind mit übernehme, ging er nicht ein. Aus irgendeinem Grund war es ihm nicht möglich, sich wieder auf Augenhöhe mit seiner Frau zu begeben und an die Verabredung anzuknüpfen. Die Tatsache, dass seine Frau etwas konnte, das ihm bei aller Anstrengung versagt blieb, nämlich einen lebendigen Menschen in die Welt zu bringen, hatte für ihn das Gleichgewicht derart gestört, dass er einen Ausgleich für sein Selbstwertgefühl brauchte. Bei aller Liebe und Vorfreude auf das Kind konnte er diesen erschreckenden Balanceverlust nicht einmal ahnen. Sie hatten gemeinsam die Rechnung ohne den Wirt gemacht. Als ihnen das klar wurde, konnten sie aufhören zu zanken und gemeinsam neue Lösungen finden. Begonnen haben sie ganz von sich aus mit einer gegenseitigen Wertschätzung für die jeweiligen Leistungen in ihren neuen Rollen. Ich war ganz gerührt von der Kraft dieses Paares, denn damit trat eine große Entspannung ein, und ich hatte im Folgenden kaum noch etwas zu tun. Sie mussten jetzt nur noch ihre jeweiligen Wünsche benennen und Strategien für die Umsetzung entwickeln. Ein Kinderspiel.

So leicht die Lösung in diesem Fall war, ließen mich die beiden mit ihrem Thema nicht mehr los: Könnte es sein, dass das hohe kreative Potenzial von Frauen nicht nur dieses Paar in eine Krise gestürzt hat, sondern ein generelles Thema in unserer Gesellschaft ist? Könnte es sein, dass Männer einen Ausgleich brauchen, damit das Gleichgewicht der Geschlechter wieder stimmt? Und zwar unabhängig davon, ob Frauen ihr schöpferisches Potenzial leben oder nicht. Könnte es schlicht und einfach um die machtvolle Möglichkeit von Frauen gehen, Leben schenken zu können und über den eigenen Tod hinaus in den (definitiv eigenen) Kindern weiterzuleben? Könnte es sein, dass es unter anderem deshalb für Frauen so schwierig ist, beruflich aufzusteigen oder Karriere zu machen? Könnte es sein, dass Frauen deshalb nach wie vor schlechter bezahlt werden als Männer?

Die große Erzählung, dass Frauen nicht so leistungsfähig seien wie Männer, nicht so rational, nicht so belastbar, nicht so durchhaltefähig, das schwache Geschlecht eben, ist doch längst wissenschaftlich widerlegt. Und doch ändert sich so wenig. Auch wenn Frauen Vollzeit arbeiten, hoch engagiert und allzeit bereit sind. Auch wenn sie Überstunden ohne Ende machen: Mit der Mutterschaft erleben viele Frauen auch heute noch einen Bruch, wenn nicht sogar das Ende eines spannenden Karriereweges. An ihren Leistungen liegt es sicherlich nicht. Dem würden die meisten Kolleginnen und Kollegen zustimmen wollen. Was also macht es so schwer, eine wirkliche Geschlechtergerechtigkeit beruflich und privat umzusetzen?

Ein sehr archaisch klingender Gedanke für diese Debatte: Frauen sind in der Lage, Menschen in die Welt zu bringen. Und diese elementare, einzigartige Fähigkeit führt zu einem Ungleichgewicht der Geschlechter, das ausgeglichen werden will. Diesen Ausgleich führten Männer möglicherweise auch herbei, indem sie exklusive, männliche Bereiche schufen – und diese mit großer Kraft schützen und dafür sorgen, dass Frauen draußen bleiben. Leistungen und gute Argumente helfen den Frauen da wenig. Denn es könnte auch ein emotionales Geschehen sein, das dafür sorgt, dass Männer Frauen aus diesen Bereichen raushalten wollen. Auf einer tiefen Ebene scheint die Exklusivität für das männliche Selbstwertgefühl wichtig. Die Türen bleiben verschlossen.

»Meine Rente? Da will ich gar nicht dran denken!« – Der Verlust von Ansehen, Geld und Macht

Sorgearbeit wird in Deutschland gar nicht oder nur sehr schlecht bezahlt. Im Vergleich zu Handwerk, Industrie oder Bank. Das gilt für die Pflegeberufe genauso wie für Erzieher:innen oder Altenpfleger:innen. Und sobald diese Tätigkeiten im Privaten stattfinden, fällt die Bezahlung ganz flach. Arbeit, die nicht bezahlt wird, ist allerdings in unserem System der kapitalistischen Leistungsgesellschaft auch nichts wert. Deshalb schämen sich Mütter, wenn sie sich eine Zeit lang »nur« um die Kinder und pflegebedürftige Angehörige kümmern. Sie haben das Gefühl, dass diese Arbeit keine vollwertige Arbeit ist.

Ihre Arbeit ist nicht der Rede wert. Bei der Frage nach ihrer Tätigkeit sagen sie eher »ich bin Notarfachangestellte«, auch wenn sie in der Kanzlei vielleicht nur zehn Stunden tätig sind, als dass sie sagen »ich bin Mutter von drei fordernden Heranwachsenden in einem 24/7-Job«. Unbezahlte Sorgearbeit führt in unserer Gesellschaft zu einem Verlust an Ansehen, auch deshalb wird über sie nicht gesprochen.

Wer Geld verdient, kann sich was leisten

Viele finanzielle Entscheidungen in der Familie werden gemeinsam getroffen. Dennoch sieht es häufig so aus: Die Wünsche der Männer sind präsent und werden erfüllt. Zum Beispiel ein großes Auto aus der Familienkasse. Oder das Extra-Arbeitszimmer. Oder der neueste TV-Bildschirm oder das finanziell aufwendige Hobby. Frauen hingegen halten sich oftmals mit ihren großen Wünschen zurück und gönnen sich lediglich immer mal wieder einen kleinen Luxus, der ihrem eigenen Einkommen entspricht. Da ihr Verdienst durch die Sorgearbeit in der Regel viel geringer ist, gestatten sie sich oftmals nicht, frei über das gemeinsame Einkommen zu verfügen. Dass sie mit der Familienarbeit dem Partner den Rücken freihalten, damit er beruflich freigesetzt ist und zugleich Geld verdienen und Vater sein kann, ist ihnen zwar klar, dennoch gibt es bei vielen eine Hemmung, ihren gerechten Anteil an dem gemeinsamen Einkommen zu fordern. Manche Frauen haben nicht einmal freien Zugriff auf das gemeinsame Konto. Unbezahlte Sorgearbeit führt zu einem Verlust an finanziellen Mitteln zur freien Verfügung und damit zu einem Verlust an Selbstbestimmung und Macht.

Angst vor Armut

In meinen Kursen sitzen immer wieder Frauen, die in ihrer Ehe schon lange unglücklich sind. Sie zeigen Stresssymptome, und es ist klar, dass sie sich gern von ihrem Partner trennen würden. Doch sie bleiben in der Beziehung, die ihnen in keiner Weise guttut. Warum? Weil sie sich abhängig von ihrem Partner fühlen – und es faktisch auch sind. In der Zeit, in der Frauen wegen der gemeinsamen Kinder ihre Erwerbstätigkeit zurückgestellt haben, sind viele Männer beruflich aufgestiegen. Die Frauen selbst stehen lohnmäßig oftmals nahezu am Anfang. Mit ihrem kleinen Gehalt, oft noch in Teilzeit, können sie den gewohnten Lebensstandard in keiner Weise halten. Selbst wenn der Partner die Kinder angemessen unterstützen würde, reicht ihr eigenes Einkommen in der Regel kaum aus. Eine Trennung würde sie in Armut stürzen – und die Kinder mit. Fast jede Frau kennt eine alleinerziehende Freundin und deren Kampf mit den Kindsvätern, die nach der Scheidung aus einer Kränkung heraus ihr Geld als Machtmittel einsetzen. Unterhaltszahlungen für die Kinder werden verweigert, kleingerechnet oder kommen immer wieder verzögert. Die Angst der Frauen vor Rosenkrieg und Armut ist einfach zu groß. So bleibt sie »der Kinder wegen«. Unbezahlte Sorgearbeit macht abhängig.

Mangelnde Handhabbarkeit: Erlernte Hilflosigkeit kann eine Depression auslösen

Wenn Mütter entscheiden, dass sie nicht in die Falle Altersarmut tappen wollen und deshalb Vollzeit arbeiten, ist das ein Kraftakt, den man letztlich nicht ohne Unterstützungssysteme bewältigen kann. Wenn beide Eltern Vollzeit arbeiten, benötigen sie in aller Regel Omas und Opas, die helfen, eine Kinderfrau, Babysitter oder ein Au-pair. Am besten noch eine Putzhilfe, professionelle Einkäufer, einen Koch oder eine Köchin, eine Hausaufgabenhilfe, einen Fahrservice für die Kinder, wenn sie außerhalb wohnen, und natürlich eine gute Koordination – wenn es entspannt sein soll. All diese Ressourcen haben die meisten nicht oder nur in sehr begrenztem Umfang. So führt der Vollzeitjob häufig in die totale Überforderung. Nicht so sehr bei der Familie gemeinsam, sondern vor allem bei den Müttern, denn sie sind es nach wie vor, die sich letztendlich verantwortlich für ein harmonisches Familienleben mit ihren Wunschkindern fühlen. Die Grenzen des Machbaren sind viel zu schnell erreicht. Egal wie klug und tatkräftig und gut organisiert diese Frauen sind: Alle Anstrengungen werden schon aus Mangel an Zeit niemals genügen können, um ihren eigenen Ansprüchen – und denen der Gesellschaft – gerecht werden zu können. Für dieses Gefühl der mangelnden Handhabbarkeit durch zu wenig Ressourcen und Hilfssysteme gibt es in der Psychologie sogar einen Fachbegriff: »Erlernte Hilflosigkeit«. Das meint, dass die Hilflosigkeit nicht angelegt, sondern durch Lebensumstände erworben worden ist. Nicht handeln zu können, wenn man eigentlich handeln muss, ist extrem stressig für die Psyche. Als ein dauerhaftes Gefühl können durch eine erlernte Hilflosigkeit depressive Verstimmungen oder gar eine Depression ausgelöst werden.

Sich ganz der Familie zu widmen oder sich damit abzufinden, dass neben der Familienarbeit eben nur ein Teilzeitjob Platz hat, ist leider auch keine Lösung – wenn man langfristig denkt. Selbst bei Konsumverzicht (kein Eigenheim, keine privaten Fahrzeuge, keine teuren Urlaube, keine schicke Kleidung, weniger Essengehen etc.) lässt sich das Problem der Altersvorsorge für Mütter nicht lösen. Denn der Wiedereinstieg in die Vollzeiterwerbstätigkeit nach der Familienphase reicht – auch wegen des Karriereknicks – in vielen Fällen nicht für eine eigenständige sichere Rente. Die Zahl der Mütter, die Altersarmut fürchten müssen, steigt seit Jahren. Mit der Entscheidung, ein Kind zu versorgen, riskieren Frauen ihre eigene Versorgung.

Väter werden gefördert – Mütter werden abgehängt

Dazu kommt, dass die Frauen, die sich mit Familie für einen Vollzeitjob entscheiden, beruflich und gesellschaftlich nicht einmal die gleiche Anerkennung und Förderung erhalten wie Väter. Ein Mann, der Vater wird, steigt im gesellschaftlichen Status. Selbst wenn er Elternzeit nimmt, schadet dies seinem Status als Arbeitnehmer nicht, zeigen Studien.[5] Er ist auch für die Firma interessanter, weil er erfahrungsgemäß nicht so rasch einen Wechsel in Betracht ziehen wird und mit der Vaterschaft gezeigt hat, dass er bereit ist, Verantwortung zu übernehmen. Frauen dagegen sinken mit der Mutterschaft im Status: »Die sind mit dem Kopf doch immer halb zu Hause«, kann man die Kolleg:innen reden hören. »Ein längeres Meeting oder gar Wochenendarbeit kann man bei Müttern nicht erwarten«, fürchten Vorgesetzte. »Was ist, wenn die Kinder krank werden?«, werden Frauen völlig naiv von Personaler:innen gefragt. Die Folge: Mütter in Westdeutschland verdienen im Laufe ihres Berufslebens nur knapp 40 Prozent des Geldes, das ein Mann verdient. Bei Müttern in Ostdeutschland sind es 45 Prozent.[6] Wohlgemerkt: häufig bei gleicher Ausbildung! Wie man es dreht und wendet: Kinder führen zu einem großen Verlust von Ansehen, Geld und Macht.

Teil II
WARUM WIR UNS IMMER WIEDER FANGEN LASSEN

So wie es derzeit läuft, kann es nicht weitergehen. Die ungerechte Verteilung und Abwertung der Care-Arbeit schadet den Müttern. Sie zahlen den höchsten Preis für das Funktionieren der Familie. Sie investieren unverhältnismäßig viel Lebenskraft und -zeit, damit unsere Gesellschaft rundläuft. Das ist nicht fair und schadet letztlich nicht nur den Müttern, sondern auch den Kindern, die unter ihrer oftmals hochgradig gestressten Mutter leiden. Mittlerweile werden vor allem bei Mädchen depressionsähnliche Zustände diagnostiziert, die eindeutig der unhaltbaren Lebenssituation ihrer Mütter zuzuordnen sind, beobachtet der Hamburger Jugendpsychiater Michael Schulte-Markwort.[7] Und auch die Väter leiden unter den immer wiederkehrenden Konflikten mit Frau und Kindern und dem Gefühl des Ungenügens. Steigende Scheidungsraten sind die Folge. Dazu die Gefahr der Altersarmut der Mütter: Westdeutsche Mütter haben mit durchschnittlich 800 Euro Rente 400 Euro weniger als Männer zur Verfügung.[8] In den ostdeutschen Bundesländern sieht es etwas besser aus, da Frauen hier auch mit Kindern schon immer stärker berufstätig waren. Doch auch hier ist Gleichheit nicht gegeben. Der Missstand rund um die ungerechte Verteilung der Arbeit und Zeit, die eine Familie fordert, schadet der gesamten Gesellschaft. Warum setzen wir nicht gemeinsam alle Kräfte ein, damit es allen besser geht, sorgen für Fairness, gleiche und gerechte Verteilung der Care- und Erwerbsarbeit, Entfaltungsmöglichkeiten für Männer und Frauen im gleichen Maße, angemessene Renten für alle ... Was hält uns davon ab?

Ob ein Bauer oder eine Bäuerin den Acker pflügt und die Pflanzen düngt oder eine Bänkerin oder Bänker Geld vermehrt – beides ist Arbeit. Und beides bedeutet, dass die Personen sich um etwas kümmern. Arbeit ist letztlich immer ein Kümmern. Care-Arbeit ist die Grundlage des Lebens. Ganz gleich, ob wir uns um Pflanzen, Tiere, Menschen, Maschinen, Daten, Kryptowährungen oder Windkrafträder kümmern. Dass hierzulande ein Teil von Arbeit als Lohnarbeit bezeichnet wird und man dafür Geld bekommt und ein anderer Teil als unbezahlte Sorgearbeit geleistet wird, ist schlicht eine Entscheidung, die unsere Gesellschaft getroffen hat. Bis in die 1960er-Jahre fiel dieser Missstand der unbezahlten Sorgearbeit vermutlich auch nicht so auf, weil im Westen in der Regel das Gehalt eines Partners ausreichte, um eine Familie zu ernähren, und im Osten die meisten Frauen bereits berufstätig waren. Viele Männer im Westen waren sogar stolz darauf, wenn sie sagen konnten: »Meine Frau muss nicht arbeiten gehen. Ich verdiene genug.« Und auch manche Frau sagte selbst: »Ich bin froh, dass ich mich ganz der Familie widmen kann und nicht auch noch Geld verdienen muss. Hier gibt es genug zu tun, damit sich alle wohlfühlen können.« Doch auch damals schon gab es Frauen, die sich in diesem System nicht wiederfanden. Sie wollten andere interessante Aufgaben als nur die der perfekten Mutter und Hausfrau. Sie wollten ihr eigenes Geld verdienen und sich beruflich weiterentwickeln. Doch noch bis 1976 war es in den westlichen Bundesländern gesetzlich vorgeschrieben, dass der Ehemann einer Berufstätigkeit »seiner« Frau zustimmen musste. Die zweite Welle der Frauenbewegung in den 1960er- und 1970er-Jahren setzte dieser unsäglichen Diskriminierung von Frauen und Müttern endlich ein Ende und führte zu der lange überfälligen gesetzlichen Änderung.

Mit wachsender Bildung verblasste für viele Frauen zunehmend die Vorstellung, ihr Lebensglück ausschließlich als Hausfrau und

Mutter zu finden. Dazu kam, dass die soziale Marktwirtschaft sukzessive durch den Neoliberalismus abgelöst wurde und es auch von wirtschaftlicher Seite immer gewünschter wurde, dass Frauen ihre Qualifikationen dem Arbeitsmarkt zur Verfügung stellen. Dies schlägt sich schließlich auch in der Gesetzgebung von 2008 nieder, durch die bei einer Scheidung der Unterhalt für die Sorgeperson der gemeinsamen Kinder ab dem dritten Lebensjahr des jüngsten Kindes entfällt. Damit wird in der Regel die Mutter der Kinder in eine Erwerbstätigkeit gezwungen, unabhängig davon, wie herausfordernd die familiäre Situation zu dem Zeitpunkt ist. Und unabhängig davon, dass zeitgleich nicht ausreichend qualifizierte Betreuungsplätze für Kinder zur Verfügung stehen. Hier haben Mütter ganz klar das Nachsehen.

Zudem ist es heutzutage so, dass ein Gehalt in der Regel nicht mehr ausreicht, um die Familie zu ernähren. Auch dies ist letztlich eine gesellschaftliche Entscheidung. Beide Partner:innen müssen schlicht häufig einer Erwerbsarbeit nachgehen. Doch die Care-Arbeit in der Familie ist kaum weniger geworden. Selbst die erweiterten Betreuungssysteme für Kinder ersetzen ja nicht die vielfältigen Familienaufgaben. Der Druck auf die Frauen (und auch auf viele Männer) ist daher stark gestiegen. In der Corona-Krise ließ sich gut beobachten, dass im Notfall alle Familien- und Fürsorgepflichten ins Private zurückfallen. Gleichzeitig blieb die Erwerbsarbeit nahezu unangetastet. Auch hier waren es die Mütter, die den größten Teil der Last trugen.

Es ist fraglos: Ohne Fürsorgearbeit wäre unser gemeinschaftliches Leben nicht denkbar. Irgendjemand muss das Haus sauber halten, einkaufen gehen, kochen und auch Gesundheitsfragen des Alltags klären. Jemand muss die Wäsche waschen, damit alle frisch gekleidet in die Schule und zur Arbeit gehen können. Jemand muss die Wohnung oder das Haus suchen, in dem die Familie wohnt, und dafür sorgen, dass es sozialen Anschluss im Stadtviertel oder Ort gibt. Sportvereine müssen ausgesucht, Trainings unterstützt werden. Irgendjemand muss abrufbar sein, wenn ein Kind krank ist oder aus anderen Gründen keine Betreuungssysteme nutzen kann. Irgendjemand muss Zeit zum Zuhören haben, wenn Kinder erzählen möchten oder Partner:innen ihren Job-Ärger loswerden müssen. Irgendjemand muss auch Wochenenden gestalten, Ferienprogramme und Urlaube planen, die ins Budget passen. Irgendjemand muss an die alten Eltern denken, ein Ohr für ihre Freuden und Kümmernisse haben, sich um die demente Schwiegermutter kümmern und um den verwitweten Vater. Die Liste der Sorgen und der Fürsorgearbeit ist endlos. Und sie ist die Voraussetzung für ein menschliches Miteinander. Für Regeneration, Freude und Respekt.

Und nicht nur das: Die zur Verfügung stehende Arbeitskraft aller erwerbstätigen Menschen hängt von dieser Sorgearbeit ab. Angefangen von der Behütung im Mutterleib über eine gesunde Ernährung in Kindheit und Erwachsenenalter, ein sicheres und sauberes Umfeld, Pflege im Krankheitsfall und nicht zuletzt von emotionalem Rückhalt in jeder Lebenslage. Fürsorge ist die Grundlage allen menschlichen Lebens.

Alle diese Tätigkeiten sind notwendig. Im wahrsten Sinne des Wortes Not wendend. Und sie sind nicht nur ein Muss, sondern sie können auch Freude machen. In der Fürsorge kann ich mich als soziales Wesen, als sinnvollen Teil einer Gemeinschaft erleben. Warum also haben nicht viel mehr Männer Lust darauf? Warum teilen sich immer noch nur sehr wenige Paare die Fürsorge- und die Berufsarbeit gleichermaßen und an den persönlichen Vorlieben entlang auf? Warum scheint es für diese so wichtige Arbeit immer noch eine geschlechtsbedingte Zuordnung zu geben? Dass Frauen Kinder gebären und stillen können, ist noch lange kein

Grund. Auch die größere körperliche Kraft eines Mannes spielt in unserer Gesellschaft schon lange keine Rolle mehr. Fürsorge lässt sich lernen, wie alles andere auch. Was alles möglich ist, haben Frauen in den letzten Jahrzehnten deutlich gezeigt. Liegt es also schlicht daran, dass viele Männer einfach nicht an unbezahlter, prestigeloser Arbeit interessiert sind und sie nach wie vor über die Macht verfügen, diese zu verweigern?

Fürsorge ist die Grundlage allen menschlichen Lebens. Doch das Erstaunliche ist, dass diese großartige Leistung von unserer Gesellschaft nicht in gleicher Weise zurückgezahlt wird. Sicherheit und Schutz, Wohlbefinden und Respekt für Menschen, die sich um andere kümmern, ist nicht vorgesehen. Denn das kostet Geld.

Genau diese Wahrheit bildet die kapitalistische Gesellschaft in Kombination mit dem Patriarchat ab. Sie entwirft ein Bild, das uns suggeriert, dass die Arbeit in einem Betrieb immer bedeutsamer, wichtiger und auch prestigeträchtiger ist als die Fürsorgearbeit innerhalb einer Familie. Dieses Narrativ gehört zum Kapitalismus. Denn nur wenn die Fürsorgearbeit unentgeltlich geschieht, kann die Wirtschaft kostenlos auf gesunde und möglichst gut gelaunte Beschäftigte zugreifen.

All das ist nicht neu. Warum lassen wir uns dennoch immer wieder einwickeln von dem alten patriarchal-kapitalistischen System der geschlechtsbezogenen Arbeitsteilung mit den entsprechenden Geld- und Machtverhältnissen? Wir sind doch nicht doof. Es muss Vorteile geben für die Mütter, die Väter und die Gesellschaft, auf die wir nicht verzichten wollen. Bevor wir also über Veränderungen nachdenken, müssen wir uns noch einmal genauer anschauen, welche Beute wir loslassen müssen, um etwas Besseres finden zu können.

Kleiner Vorteil für die Mütter

Endlich schwanger! Noch bevor sich der Bauch richtig rundet, spüren Mütter die ersten sanften Bewegungen ihres Kindes. Es klopft an: Hallo, ich bin da. Ich gehöre zu dir. Kaum auf der Welt sucht das Kind die Brust der Mutter. Den Ort des Wohlbefindens, der Sicherheit und des stillen Friedens. Und auch wenn Mütter nicht stillen, entsteht mit dem Körperkontakt und der Versorgung dieses zerbrechlichen und so unendlich abhängigen kleinen Wesens eine tiefe Bindung. Es entsteht Liebe.

Die Mutter-Kind-Bindung schafft Vertrauen und Sicherheit – auf beiden Seiten

Menschen, die miteinander verbunden sind, wissen meist ohne großes Nachdenken ganz intuitiv, wie es ihren Liebsten geht und was sie brauchen, um sich wohlzufühlen. Das geht allen Menschen so, unabhängig von ihrem Geschlecht. Bei Frauen, die ihr Kind selbst ausgetragen haben, wachsen diese zarten Bande schon in der Schwangerschaft. So wissen sie oftmals eher als alle anderen, ob ihr Kind Hunger hat, die Windel voll ist oder ob es einfach nur müde und überreizt ist. Und sie handeln meist spontan, noch bevor andere liebevolle Menschen zum Zuge kommen können. Jedes zufriedene Gurren des Kindes, jedes Lächeln, jedes selige Einschlafen stärkt das Vertrauen der Mutter in sich selbst und die Bindung zum Kind. In der Umgangssprache sprechen wir dann gern von der »natürlichen« Mutter-Kind-Bindung.

Damit beschreiben wir, was man oft beobachten kann: Dass die Mutter eine sehr enge Beziehung zu ihrem Baby oder Kleinkind hat. Meist enger als alle anderen Menschen im Umfeld. Das erste Wort der meisten Kinder ist: Mama. Und sogar, wenn die erste Zeit mit dem Baby schwierig ist, weil das Kind vielleicht viel weint oder weil die Mutter sich gesundheitlich nicht wohlfühlt, ist die Mutter doch die erste Bezugsperson und Ort der Sicherheit des Kindes. Diese besondere Beziehungsqualität empfinden Mütter in der Regel als sehr befriedigend. Und es ist auch ganz faktisch ein Vorteil, weil sie nahezu intuitiv merken, was mit dem Kind los ist und auf diese Weise zeitnah und angemessen reagieren können.

Mutterschaft erweitert die eigene Identität

Die große Bestätigung, die Mütter von Anfang an scheinbar ganz selbstverständlich von ihren Kindern – und auch von der Gesellschaft – erhalten, ermuntert sie, ihre neue Aufgabe als Fürsorgende anzunehmen und weiterzuentwickeln. Dazu kann die Rolle der Mutter auch eine gewisse Orientierung geben. Viele Frauen beschreiben, dass ihnen ihre Aufgabe als Mutter hilft, über sich hinauszuwachsen. Sie machen sich für ihre Kinder stark – und empfinden diese Klarheit auch als Zuwachs für ihr persönliches Selbstbewusstsein. Manche erzählen auch, dass sie ihre Identität als Mutter davor schützt, sich völlig vom Job vereinnahmen zu lassen. Schließlich sind als Mutter neben der Erwerbsarbeit auch noch andere Lebensbereiche wichtig und manchmal sogar wichtiger. Die persönlichen Grenzen sind klarer gesteckt. Die Wertigkeiten verschieben sich. Der Beruf als Berufung ist nicht mehr allein sinnstiftend. Manchmal gibt die Mutterrolle sogar die Kraft, sich aus einer belastenden Beziehung zu befreien. Einfach weil die Mutter ihr Kind vor einem schädlichen Umfeld schützen will.

Muttersein ist eine Quelle für Stolz

Wir reden nicht gern darüber, aber Muttersein ist auch eine große Quelle für Stolz. Woran man das merkt? Mütter kleiden ihre Babys nach ihren Vorstellungen, Kinderwagen werden zum Vorzeigeobjekt, jede Förderung fürs Kind ist gerade gut genug. Frauen sind stolz darauf, dass sie einem Menschen das Leben geschenkt haben. In manchen Ländern gehen Frauen mit ihrem Wunsch, jedem ihr Glück und das Kind zu zeigen, offener um als bei uns. Hierzulande gilt eine gewisse Zurückhaltung und Bescheidenheit, und der Stolz wird oftmals nur indirekt gezeigt. Und dennoch ist dieses Gefühl von Stolz ein emotionaler Gewinn, den viele Mütter erleben und genießen. Auch hier gilt, dass es natürlich Ausnahmen gibt. Es gibt Lebenssituationen, in denen Frauen diesen Stolz nicht empfinden oder die Lebensumstände so ungünstig sind, dass sie nicht durchgehend stolz auf ihr Kind sein können. Dennoch ist der emotionale Gewinn grundlegend für das Annehmen und Durchhalten der Mutterrolle.

Ich mache es so wie alle – Traditionen bieten Sicherheit

Elternwerden ist eine Phase des Umbruchs. Alles ist neu. Und wir sehnen uns nach Sicherheit. Traditionen bieten genau diese Sicherheit. Und so übernehmen wir die Mutterrolle, wie wir es bei unserer eigenen Mutter gesehen haben oder bei den Nachbarinnen oder Tanten. Natürlich verändern wir auch vieles. Vielleicht sind wir nicht so akribisch ordentlich. Oder wir nötigen unser Kind nicht, still am Tisch zu sitzen. Aber in groben Zügen sind unsere inneren Vorstellungen, wie eine »richtige« Mutter und ein »richtiger« Vater zu agieren haben, geprägt von dem, was wir selbst erlebt haben.

Aber nicht nur unsere persönlichen Erfahrungen aus unserer Herkunftsfamilie sind ausschlaggebend für einen bestimmten Lebensstil als Familie. Auch der gesellschaftliche Konsens und der Zeitgeist spielen eine wichtige Rolle. Vielleicht schläft das Kind nachts bei uns im Bett – auch wenn das in der Herkunftsfamilie verpönt war, jetzt aber ist es modern. Allerdings werden wir vermutlich wie unsere Mutter die meisten Abende zu Hause verbringen, statt mit Freundinnen auszugehen oder zum Sport zu gehen und den Mann das Kind hüten zu lassen. Und wie unsere Mutter reduzieren wir wie selbstverständlich unsere Stunden im Job, während der Vater des Kindes in Vollzeit verbleibt. Das fühlt sich irgendwie einfach richtig an. Diese Anbindung an die Tradition hilft uns in der Zeit des Umbruchs, Sicherheit zu empfinden und das Gefühl zu bewahren: Ich mache es richtig.

Weniger Konflikte und Komplexität in einer hochbelasteten Lebensphase

Ein nächster Vorteil: Klare Rollenaufteilung vermeidet Konflikte innerhalb der Partnerschaft. Wenn Frauen die Mutterrolle mit allem, was dranhängt, übernehmen, reduzieren sich viele Konflikte, die in einer Familie auftreten können. Man muss sich nicht mehr täglich darüber auseinandersetzen, wer den Wäscheberg abträgt, die Kita-Anmeldung übernimmt oder die Oma anruft. Es ist klar: Diese Tätigkeiten übernimmt in der Regel die Mutter. Während der Vater sich eher um das Geldverdienen kümmert und häufig mehr indirekte Aufgaben für die Familie übernimmt, wie die finanzielle Absicherung, das sichere Auto, ein möglicher Wohnungskauf und ähnliches.

Wenn nur ein:e Partner:in mit Ehrgeiz im Berufsleben steht, reduzieren sich auch hier die Konflikte. Schließlich können Arbeitgeber:innen durchaus sehr fordernd sein. Und auch dort gibt es Konflikte oder Ärgernisse. Wenn nur eine:r Überstunden macht oder schlaflose Nächte durch Jobstress erlebt, bringt das ein Familienleben weniger durcheinander. Auch die zeitliche Koordination zwischen Berufs- und Familienleben ist für eine Familie, in der nur eine Person erwerbstätig ist, leichter. Viele Paare entscheiden sich deshalb, zumindest bis das Kind in den Kindergarten geht, für eine Rollenverteilung in der klassischen Weise.

Kompetenzentwicklung in der Elternrolle

Mütter übernehmen in den ersten Wochen, Monaten und vielleicht auch Jahren oftmals wie selbstverständlich nicht nur die Verantwortung für ihre Sprösslinge, sondern auch für den Haushalt und alle Aufgaben rund um die Familie. Bald kennen sie sich in allen Bereichen rund um Kind und Kegel, Gesundheit und Ernährung super aus. Diese Kompetenz – vor allem bezogen auf das eigene Kind – ist auf die Schnelle von niemanden zu erreichen. Im Berufsalltag würde man von einem Alleinstellungsmerkmal sprechen, das die Organisation des komplexen Familienalltags ungemein erleichtert.

Das klassische Familienmodell wird vom Staat unterstützt

»Frauen können sich, auf das gesamte Erwerbsleben gerechnet, nur etwas mehr als halb so viel Bruttoeinkommen erarbeiten wie Männer«, hat eine Studie der Bertelsmann-Stiftung vom April 2022 ausgerechnet. »Diese Lücke schließt sich in den verfügbaren Einkommen und damit dem tatsächlichen Lebensstandard vor allem dann, wenn Frauen sich innerhalb des traditionellen Familienbilds bewegen«, schreiben die Forscher:innen. »Werden beide Einkommen im Haushalt zwischen den Eheleuten gleichmäßig aufgeteilt, fängt das Partnereinkommen Einkommensausfälle von Müttern infolge von Erwerbsunterbrechungen, beispielsweise durch Kindererziehungszeiten, auf. Sie kommen auf ein äquivalentes verfügbares Lebenseinkommen von rund 700 000 Euro. Fällt diese Absicherung im Haushalt jedoch weg, kompensiert der Staat Einkommensausfälle in der Lebensperspektive nur unzureichend.«[9] Frauen, die Mütter werden und für eine gewisse Zeit der Betreuung ihrer Kinder den Vorrang vor einer Erwerbstätigkeit geben wollen, tun in unserer Gesellschaftsform aus finanzieller Sicht also gut daran, zu heiraten und in der Ehe zu verbleiben.

Es gibt also durchaus Vorteile für Mütter, die sich für eine gewisse Zeit ihres Lebens auf die traditionelle Rollenteilung einlassen: Sie können eine innige Beziehung zu ihrem Kind aufbauen und ihrer Liebe und Neugier auf das neue Menschlein viel Platz in ihrem Leben geben. Sie können neue Kompetenzen erwerben und ungeahnte Fähigkeiten bei sich selbst entdecken. Die Belastung durch eine zunehmende Komplexität des Alltags in der Versorgung eines vollständig abhängigen Menschen lässt sich mit der Fokussierung auf diesen einen Bereich reduzieren. Die Klarheit der Rollen gibt Sicherheit und stärkt das Gefühl von Handlungsfähigkeit im Bereich von Job, Haushalt und Familie. Zusätzlich werden die sorgenden Partner durch verschiedene gesetzliche Regelungen bis zu einem gewissen Grad finanziell abgesichert. Und nicht zuletzt lassen sich Diskussionen und Konflikte in der Elternschaft durch eine klare Aufgabenteilung entlang der erlernten traditionellen Muster reduzieren. Stress wird vermieden und der Familienfrieden gesichert.

Nach den vielen Nachteilen, die in den vorangegangen Kapiteln sichtbar geworden sind, zeigen sich hier einige der Vorteile, die das traditionelle Familienmodell den Müttern bietet. Diese Vorteile dürfen wir nicht außer Acht lassen, wenn wir nicht nur kleine Schönheitskorrekturen vornehmen, sondern grundlegend die Situation von Müttern in unserer Gesellschaft verändern wollen.

Doppelt und dreifacher Nutzen für die Väter

Wenn man Männer fragt, welche Vorteile sie davon haben, dass Frauen sich in der Regel mehr um die Kinder und das Familienleben kümmern – oder zumindest den Großteil des Mental Load übernehmen –, würden viele vermutlich spontan sagen, dass sie ganz froh sind, dass ihre Frauen das machen. Zum einen, weil Frauen das ihrer Meinung nach einfach besser können, und zum anderen, weil sie selbst dadurch von all dem zeitraubenden Kleinkram entlastet sind. Schließlich haben ja auch sie persönlich viel mehr Aufgaben, wenn sie Vater werden. Auch sie spüren den Druck der Verantwortung, und sie leiden nicht selten darunter, dass die Partnerin viel weniger Zeit und Aufmerksamkeit für sie hat. Doch zugleich sagen die meisten sehr klar und deutlich: Mit meiner Frau tauschen? Bloß nicht! In dieser lapidaren Feststellung zeigt sich schon, dass die Rolle des Mannes offensichtlich Vorteile hat, die Männer auch spüren. Auch wenn sie sie oftmals nicht so deutlich benennen können.

Sich aus der Familienarbeit rauszuhalten ist gesellschaftlich anerkannt

Was für ein Glück für die Männer! Die hohe gesellschaftliche Bedeutung der Erwerbsarbeit erlaubt es den Vätern, sich elegant als »Ernährer« von der Familienarbeit zu distanzieren und die notwendigen Verpflichtungen an die Mutter des Kindes zu delegieren. Respekt erhält er über die Höhe seines Verdienstes oder seiner Karriere. Ab einem bestimmten Einkommen wird all das auch gern über ausgewählte Statussymbole gezeigt – wie das schicke Auto, das neue Haus oder der riesige Fernseher. Der Rang in einer Firma zeigt sich oft in der Größe des Firmenwagens, aber auch der Größe des Büros oder dem privaten Parkplatz. Im Privaten ist es genauso. Noch bis vor wenigen Jahren war es für die Männer im Westen gang und gäbe, dass sie gesellschaftliche Anerkennung dafür erhielten, wenn sie als Hauptverdiener so viel Geld verdienten, dass ihre Frau nicht arbeiten »musste«.

Ein aufmerksamer und liebevoller Familienvater, der an das kommende Weihnachtsfest genauso denkt wie an das fehlende Geodreieck und gemeinsam mit den Kindern den Wochenendeinkauf wuppt, erfährt sicherlich Dankbarkeit und Anerkennung von der Mutter seiner Kinder und bestenfalls auch noch einen wohlwollenden Kommentar von Freunden und Nachbarn. Respekt erhält er jedoch vor allem für seine Erwerbsarbeit. Insofern ist es für Väter ein großer Vorteil, sich aufs Jobleben zu fokussieren und die weniger prestigeträchtigen Tätigkeiten rund um Kinder und Familie der Frau zu überlassen.

Kindliche Liebe ist sicher – vor allem, wenn man sich rarmacht

Wenn der Papa abends von der Erwerbsarbeit nach Hause kommt – oftmals deutlich später als die Teilzeit arbeitende Mama –, drehen die Kinder noch einmal richtig auf. Es wird gelacht und getobt. Die Mutter steht mit einem etwas schiefen Lächeln daneben. Denn eigentlich waren die Kinder gerade auf dem Weg ins Bett. Und jetzt zieht sich die Sache wieder bis 21 Uhr. Das ist ihr schon klar. Aber es ist doch auch schön, dass er die Kinder so liebt ... Die Liebe des Kindes ist dem Vater sicher – gerade, weil er so selten da ist. Weil er nicht den mühselig fordernden Alltag mit den Kindern verbringt, sondern nur den Feierabend, das Wochenende oder den Urlaub. Und meist respektiert die Mutter sogar gerne diese Sternstunden des Vaterseins. Schließlich ist so ein Mann, der sich zumindest nach Feierabend um die Kinder kümmert, besser als einer, der sich gar nicht kümmert. Und die Kinder sind ja auch so glücklich dabei ...

Der Vorteil für den Vater liegt klar auf der Hand: Da die Zeit mit den Kindern sehr begrenzt ist, wird sie automatisch zu etwas Besonderem. Das ist zeitlich überschaubar und fühlt sich dennoch ganz nah mit den Kindern an. All die eher schwierigen Situationen mit Kindern, wie Schulaufgaben betreuen, bettfertig machen, Streitereien schlichten, Höflichkeit einfordern und alles andere, das für ein gesundes und gesellschaftlich erwünschtes Heranwachsen notwendig ist, bleibt im Alltag der Mutter. Der Vater kann, ohne zu schwindeln, stolz behaupten, dass seine Kinder (bis auf kleine Ausnahmen) einfach nur großartig und total pflegeleicht sind.

Männervorteile bleiben erhalten

Selbst wenn ein Mann Vater wird, bleiben ihm eine ganze Reihe von Freiheiten erhalten, die ihm als Mann gesellschaftlich zugesprochen werden. Zum Beispiel der Samstagabend im Fußballstadion oder mit den Kumpeln beim Public Viewing. Der Sport, die Kneipentour, Überstunden im Job, Leidenschaften für Musik oder aufwendige Hobbys. Daran hat sich in den letzten Jahrzehnten nicht viel geändert, nur dass frühere Generationen von Männern eben den Bastelkeller, die Werkstatt oder die berühmte Märklin-Eisenbahn hatten, für die sie sich zurückzogen. Dabei ist natürlich nichts dagegen zu sagen, dass man auch als Eltern Rückzugsräume und persönliche Freiheiten hat. Als Vorteil wird es nur sichtbar, weil Frauen im Vergleich dazu viele ihrer persönlichen Vorlieben und Freizeiten aufgeben (müssen), wenn sie Mutter werden. Von Männern, die Väter werden, wird das nicht in gleicher Weise erwartet. Viele Mütter unterstützen ihre Männer sogar darin, sich diese Freiheiten zu nehmen. Vielleicht hegen sie die stille Hoffnung, dass ein ausgeglichener Mann sich auch im Familienleben mehr und entspannter engagiert. Mütter gestehen damit Vätern zu, was sie sich selbst verwehren.

Berufstätige Frauen entlasten den Mann

Während in den westlichen Bundesländern noch vor einigen Jahrzehnten der Vater in der Regel die gesamte finanzielle Situation der Familie zu verantworten hatte, sind heute nicht nur im Osten, sondern auch im Westen viele Mütter ebenfalls berufstätig. Das ist nur richtig und auch logisch. Und die meisten Frauen möchten berufstätig sein. Auch als Mutter. Doch was häufig nicht beschrieben wird: Die Berufstätigkeit der Frau entlastet den Mann natürlich auch von der alleinigen Verantwortung für das Familieneinkommen, dem sogenannten Financial Load. Wohlgemerkt eine wunderbare Entlastung, denn für eine spontane Übernahme von Teilen der Sorgearbeit fühlen sich viele Männer nicht automatisch verantwortlich.

Die moderne Frau und Mutter ist dagegen nun mit Beruf UND Familienarbeit belastet. Es kommt sogar manchmal so weit, dass Männer ihre Frauen regelrecht dazu drängen, sich auch im Job zu behaupten. In meinen Gruppen habe ich nicht nur einmal gehört, wie Männer die Berufstätigkeit ihrer Frauen (scheinbar) fördern wollen: »Du sollst auf jeden Fall genauso viel in deinem Beruf arbeiten (können) und Geld verdienen wie ich. Das ist doch gelebte Gleichberechtigung!« Doch viele dieser Männer sagen auch, dass sie keine fremden Personen und damit auch keine Hilfe im Haushalt wollen. Und wenn ein Kind krank ist, die Kita zu oder die Nachmittagsbetreuung ausfällt, sind sie selbst zu sehr belastet, als dass sie sich darum kümmern könnten. So liegt es wie selbstverständlich weiterhin im Verantwortungsbereich der Frau, das Problem zu lösen. Wie ihr dies gelingt, ist in den meisten Fällen dann ihre Sache.

Wenn man das hier so notiert, klingt es fast überzogen und unfair all den Männern gegenüber, die doch jetzt Elternzeit nehmen. Doch auch da gilt: Die meisten Männer nehmen sich nur die zwei Monate Elternzeit, die es braucht, um das volle Elterngeld zu erhalten.[10] Über eine längere Elternzeit wird vielleicht in den Familien gesprochen, aber viele Männer sagen schlicht: Das ist bei meinem Arbeitgeber nicht möglich. Das könnte in manchen Fällen auch stimmen, aber selbstbewusste Forderungen oder gar große Kämpfe werden da nicht ausgefochten. Man könnte sich ja die Karrierechancen verbauen, wenn man länger freinimmt, um sich der

Familie zu widmen. Und in den acht Wochen Elternzeit übernehmen die Väter in der Regel nicht den Haushalt oder halten den Frauen den Rücken frei für den Wiedereinstieg in den Beruf, sondern die gesamte Familie macht eine schöne Reise. Beneidenswert!

Mehrfacher Nutzen für die Väter

Das Ideal von Familie, das unsere Gesellschaft derzeit lebt, führt fast automatisch zu einer nicht unerheblichen Entlastung der Väter von der Familienarbeit. Denn sie dürfen sich – anders als die Mütter – ziemlich klar für eine Hauptrolle entscheiden: Sie legen den Fokus auf die Erwerbsarbeit. Damit reduzieren sie auch – meist mit gutem Gewissen – ihr Engagement in der Sorgearbeit. Und zugleich legen sie damit die Basis für ihre berufliche Entwicklung, eine Karriere ohne Lücken, eine gute Bezahlung und eine sichere Rente.

Zusammenfassend kann man sagen: Die Situation heute ist ziemlich komfortabel für den Mann und Vater. Auch dann, wenn Männer mit der Familiengründung durchaus eine Mehrbelastung erleben. Doch im Vergleich zu den Müttern tragen sie eben nur einen Bruchteil der Anstrengungen. Warum sollten sie also diese Situation oder gar das ganze System ändern wollen? Sogar dann, wenn sie durchaus irgendwo tief in sich drin mitbekommen, dass die Familienlast unfair verteilt ist. Die Vorteile sind einfach zu groß.

Der Soziologe Ulrich Beck brachte das Denken der heutigen Männer bereits 1986 bei der Debatte rund um die Rollen von Frauen und Männern einmal so auf den Punkt: »Verbale Aufgeschlossenheit, bei weitgehender Verhaltensstarre.« Daran hat sich eigentlich nicht viel geändert.

Üppiger Profit für die kapitalistische Gesellschaft

Wir leben in einem kapitalistischen Wirtschaftssystem. Und dem Kapitalismus ist zu eigen, dass es eine Gruppe von Menschen gibt, die erwerbstätig sind und mit dieser Arbeit etwas erwirtschaften, was mehr wert ist als ihr Lohn. Im Idealfall wird der entstandene Gewinn für weitere Investitionen und zur Sicherung der Arbeitsplätze verwendet. Zugleich muss es aber auch eine Gruppe von Menschen geben, die nicht nur dafür sorgt, dass die Arbeitskraft der Erwerbstätigen durch angemessene Regeneration immer wiederhergestellt wird und langfristig erhalten bleibt. Sondern es muss vor allem auch eine Gruppe von Menschen geben, die dafür sorgt, dass neue Erwerbstätige nachwachsen und zukünftig gesund und munter ihre Arbeitskraft der Wirtschaft und unserem Sozialsystem zur Verfügung stellen können. Diese Gruppe von Menschen leistet mit ihrer Sorgearbeit die Grundlage für unser Wirtschaftssystem: Kinder großziehen, dafür sorgen, dass sie in Kita und Schule zurechtkommen, sich um die älteren Menschen kümmern, ein Heim gestalten, in dem man sich erholen kann, ein gesundes und leckeres Essen kochen, eine gute Atmosphäre herstellen, in der sich entspannen und Kraft für Schule und Arbeit tanken lässt ... und vieles, vieles mehr. Zusammengefasst kann man sagen: Ohne diese vielfältigen Formen der Sorgearbeit würde unsere Gesellschaft nicht funktionieren. Unabhängig davon, wer sie durchführt.

Das Erstaunliche ist nun: Obwohl die Sorgearbeit die wesentliche Grundlage unseres Lebens und Wirtschaftens darstellt, wird sie nicht bezahlt. Menschen können von ihrer Sorgearbeit nicht in der gleichen Weise leben wie Erwerbstätige. Natürlich gibt es Bereiche wie Kita, Schule, Gesundheitswesen, in denen Fürsorgearbeit als Beruf existiert. Aber alles, was wir Familienarbeit nennen, ist unbezahlte Arbeit – und damit eine kostenfreie Ressource für die Wirtschaft. Es ist ein Skandal, dass in unserer Gesellschaft genau diese elementare Arbeit nicht honoriert wird. Weder materiell noch im Ansehen.

Die Vorteile für die Gesellschaft – und vor allem für die Wirtschaft – liegen auf der Hand: Solange sich Mütter (und Väter) unentgeltlich darum kümmern, dass die Kinder versorgt sind und die Erwerbstätigen sich von ihrem harten Job erholen können, profitiert die Wirtschaft enorm. Und wenn Frauen zusätzlich zu ihrer Sorgearbeit auch noch erwerbstätig sind, wird der wirtschaftliche Gewinn noch größer. Richtig perfekt wird es dadurch, dass die meisten Frauen die Sorge für ihre Familie so sehr als ihre Aufgabe ansehen, dass sie die Dreifaltigkeit von Job, Familie und Haushalt fraglos als ihre ureigene Aufgabe akzeptieren. Und wenn sie mal jammern, weil die Überlast kaum noch zu tragen ist, heißt es halt: »Klappern gehört zum Handwerk« und es gibt einen Gutschein für ein Wellnesswochenende. Dass das allein nicht genügt, zeigt die große Nachfrage nach unseren fünftägigen Intensivseminaren, bei denen es nicht einfach um eine schöne Auszeit geht, sondern um eine genaue Analyse der tatsächlichen Belastungen und dem Wiederentdecken der zum Teil verschüttgegangenen Ressourcen. Damit können die Frauen eine zielgenaue Veränderung der persönlichen Lebenssituation einleiten, die die Last der Sorge- und Erwerbsarbeit auf mehrere Schultern verteilt.

Dennoch kosten selbst kleine Veränderungen die Mütter oftmals unglaublich viel Kraft, denn die unbezahlte Sorgearbeit ist so immanent wichtig für unser Gesellschaftssystem, dass mit allen erdenklichen Mitteln immer wieder verhindert wird, dass sich an den derzeitigen Zuständen etwas ändert. Eine sehr raffinierte Methode ist es zum Beispiel, die Sorgearbeit abzuwerten. In unserer Gesellschaft gilt die Idee, dass wir Sorgearbeit irgendwie nebenher und on top zu unseren »richtigen« Berufen machen. Sorgearbeit wird nicht als eine weitere vielfältige und intensive Arbeit angesehen, auf die man stolz sein kann. Deshalb muss man auch nicht darüber sprechen. Und weil niemand darüber spricht, scheint es ein gesellschaftlicher Konsens zu sein, dass Sorgearbeit nicht der Rede wert ist. Fürsorge scheint ein selbstverständlicher Teil des Alltags zu sein – ganz gleich, wie voll er mit anderen Aufgaben ist. Und so haben diejenigen, die am Rand der Erschöpfung stehen, weil sie sich zwischen all ihren Aufgaben aufreiben, das Gefühl, dass mit ihnen selbst etwas nicht stimmt. Vielleicht müssten sie sich nur besser organisieren oder früher aufstehen?! Und oftmals sind es nicht nur ihre Partner:innen, sondern auch die besten Freund:innen (oftmals die ohne eine hautnahe Alltagserfahrung mit Kindern), die mit scheinbar freundlich gemeinten Sätzen wie »Streng dich doch nicht so an!«, »Mach dich mal locker!«, »Es muss doch nicht immer so aufwendig sein!«, »Andere Frauen schaffen das doch auch!«, »Das Kind sollte das jetzt aber auch mal alleine auf die Reihe bekommen, du verwöhnst es zu sehr!« daherkommen.

Es ist ganz einfach: Schuld an ihrer Erschöpfung ist die Mutter selbst – nicht die Gesellschaft. Und solange Mütter diese Erzählung glauben, muss auch nichts geändert werden.

Professionalisierung und Spezialisierung fördern die Vereinzelung

Mütter, die zwischen Familie, Job und Haushalt hin- und herhetzen, haben nur wenig Gelegenheit, sich mit anderen Frauen auszutauschen und zusammenzuschließen. In der Erwerbsarbeit spricht man normalerweise wenig über die Familienarbeit. Auf dem Spielplatz bleiben Jobgespräche außen vor. Mütter teilen ihr Dasein oft in verschiedene Rollen, die sie kaum vermischen. Man könnte fast annehmen, dies sei in Bezug auf unsere kapitalistische Wirtschaftsweise auch nicht gewollt, denn selbstbewusste Frauen und Mütter, die sich ihrer Doppelbelastung bewusst sind, offen darüber sprechen und ihre Rechte einfordern, würden unser derzeitiges Gesellschaftssystem gefährden.

Gefördert wird die Vereinzelung und Abgrenzung von Frauen noch durch eine hohe Professionalisierung und Spezialisierung. Bis vor Kurzem war es undenkbar, dass ein Politiker oder eine Politikerin offen zeigt, dass er oder sie auch familiäre Verpflichtungen hat. Und wenn Bürger:innen fordern, dass sich an den Schulen etwas ändert, weil sie im Alltag erleben, was für ihre Kinder nicht funktioniert, heißt es schnell: Die Experten kümmern sich! Wenn man nicht selbst im Expertenstatus steht, ist es sehr schwer, Einfluss zu nehmen. So zerfällt unsere Gesellschaft nicht nur in ein Privat- und in ein Berufsleben, sondern auch in Teilsysteme wie Politik, Wirtschaft und Medien, die jeweils nach ganz eigenen Regeln spielen und kaum miteinander in Verbindung stehen.

Eine auf Individualität ausgerichtete Lebensweise unterstützt das System

Je mehr eine Gesellschaft auf Individualität ausgerichtet ist, desto besser kann sich das kapitalistische Wirtschaftssystem entfalten. Warum?

Privatheit, persönliche Sicherheit und Entfaltung spielen in unserer Gesellschaft eine große Rolle für das eigene Lebensglück. Ein schön gestaltetes Heim, gutes Essen, Reisen und Unterhaltung – das sind die Wünsche von vielen von uns. Und diese Wünsche sind nicht falsch. Alle Menschen sollten so leben können. Doch in unserer Gesellschaft sind diese Wünsche oftmals stark mit Konsum und Statussymbolen jeder Art verknüpft. Viele Dinge müssen gekauft werden und halten damit unser Wirtschaftssystem am Laufen. Der Wunsch nach einem schönen Zuhause führt fast unweigerlich zu Ikea. Ein erholsamer Urlaub scheint nur mit Sonne, Strand und Meer möglich zu sein und nicht im städtischen Schwimmbad. Und selbst wer einfach nur in den deutschen Landen wandern will, braucht dafür die entsprechende Ausrüstung von Globetrotter. Wer modisch mithalten will, kauft in der Regel mehrmals im Jahr neue Kleidungsstücke und folgt den Ratschlägen der Modemagazine und Influencer, was ein unbedingtes Must-have ist, um vermeintlich dazuzugehören. Je weniger unmittelbare Zugehörigkeit wir erfahren, je größer die Einsamkeit ist, desto mehr versuchen wir, in unserem Kulturkreis Verbindungen über den Besitz ähnlicher Produkte herzustellen. Dieser Irrweg hält die Wirtschaft in Schwung. Immer wieder werden neue Begehrlichkeiten auf den unterschiedlichsten Niveaus geweckt, die zum Kauf verleiten und den Markt in Bewegung halten sollen. Wenn es gut läuft, enden diese Geschichten beim eigenen Geldbeutel. Wenn es schlecht läuft, ist die Schuldnerberatung nicht fern.

Das Zugehörigkeitsgefühl zu einer Gemeinschaft ist die größte Gesundheitsressource schlechthin. Einsamkeit macht erwiesenermaßen krank. Deshalb ist auch die Art, wie wir wohnen, ein großes Problem, denn es gibt vor allem in den Städten kaum Gelegenheiten, einander unverbindlich zu begegnen und in einen Austausch einzutreten. Viele Wohnungen und Häuser gleichen festungsartigen Gebäuden. Das ist zum Teil wohl auch so gewollt. Denn dass man möglichst nichts von den Nachbar:innen sieht und hört, ist für viele enorm wichtig. Wer sich ein eigenes Haus mit einem kleinen Garten leisten kann, hat für die Kinder auch gleich eine eigene Schaukel und im Sommer ein eigenes Planschbecken. Und natürlich hat jeder Haushalt auch seinen eigenen Rasenmäher im Schuppen und jede Art von eigenem Werkzeug im Keller. Vor nahezu jeder Tür steht ein eigenes Auto – auch wenn die Besitzer:innen häufig sagen: Wir benutzen es eigentlich sehr wenig. Das abgrenzbare Eigentum, die geschlossene Wohnungstür soll Konflikte vermeiden und eine größtmögliche individuelle Freiheit gewährleisten.

Leicht ist zu erkennen, wie großartig diese vermeintliche Freiheit für das kapitalistische Wirtschaftssystem ist: Jede und jeder hat sich ja all diese Sachen gekauft und damit die Wirtschaft am Laufen gehalten. Die Bewegung des Teilens und Sharings von Motorsäge bis Auto ist insofern wirklich revolutionär. Doch auch hier: Es hat nicht lange gedauert, dann ist Sharing von Mobilität in die Hände von Firmen gewandert. Und seitdem fluten Mietautos, Mietroller und alle möglichen Gefährte die Städte. Aus dem Teilen, das die Gemeinschaft stärkt, ist ein Geschäftsmodell geworden, das die Geldbeutel der Firmen füllt, aber nur wenig in ein unmittelbares Gemeinschaftsgefühl einzahlt. Nur der Gedanke an den gemeinsamen Umweltschutz gibt ein Gefühl von Verbundenheit.

Auch wenn die hohe Belastung von Müttern, die im Stress des Alltags emotional unterversorgten Kinder, die Krisen und Scheidungen und die Einsamkeit von Singles jeden Alters ein großes gesellschaftliches Problem darstellen, hat unser kapitalistisches Wirtschaftssystem kein Interesse an grundlegenden Änderungen. Der wirtschaftliche Gewinn ist einfach zu hoch. Aber wir sind nicht die Wirtschaft. Wir sind einzelne Menschen, die sich ein freies und erfülltes Leben wünschen. Um welche grundlegenden Bedürfnisse es dabei geht und wie der Weg dahin aussehen kann, wollen wir uns im nächsten Kapitel mit einigen ersten, auch ein bisschen verrückten Ideen anschauen.

Teil III
WIE WIR DA GEMEINSAM RAUSKOMMEN

Wo fühlen wir uns besonders wohl, wenn wir Urlaub machen? Immer da, wo wir uns als Menschen und als Familie willkommen fühlen: Wir lieben den Platz mit Cafés, Brunnen und Bäumen. Wir lieben den Park mit Bänken, die zum Niederlassen einladen. Wenn Kinder dabei sind, suchen wir zielstrebig die Orte, wo die Kleinen spielen können. Das kann der Platz mitten in der Altstadt sein, wo die Kinder am Brunnen spielen und ab und an zum Cafétisch kommen, um ihre Limonade zu trinken. Das kann ein Spielplatz sein, der auch für Eltern Bänke im Schatten bietet. Aber auch eine Wiese mitten in der Stadt oder ein autofreier Platz, auf dem die Kinder rumrennen können. Wie schön, wenn es dann noch kleine Geschäfte gibt, in denen man beim Schlendern einen Käse verkosten kann, einen Wein probiert und noch ein paar Leckereien fürs Abendessen mitnimmt. Oder gleich eine Markthalle, in der wir alles finden, was das Herz begehrt. Vom frischen Gemüse bis zum Pyjama oder Silberring. Und ganz nebenbei können wir den Kindern die ganze große Welt im Kleinen zeigen.

Im Urlaub suchen wir Orte, an denen all das möglich ist. Wo wir gleichermaßen Raum für Bewegung, Ruhe und Anregung haben. Wenn der Ort ein Lernort für Kinder ist, ihnen einen Blick in die Welt schenkt. Erholung und Einkaufen geht in einem Gang. In den Straßen erleben wir Musik und Kultur. Notfalls ist auch die Apotheke oder ein Arzt leicht zu erreichen. An unseren Sehnsuchtsorten fühlen wir uns sicher und gleichzeitig inspiriert und frei. Wir erholen uns. Komisch eigentlich, dass es solche Sehnsuchtsorte meist nur im Urlaub gibt. Wäre es nicht schön, auch im Alltag so zu leben?

Vielleicht hast du jetzt gleich den Einwand, dass du natürlich gern so leben würdest, aber dass du auch die schönste Stadt nicht genießen könntest, weil du ja arbeiten musst. Und wenn du mit deinen Kindern zusammen bist, dann hast du auch keine Zeit zum Rumschlendern oder unter schattigen Bäumen zu sitzen. Im Urlaub ist das natürlich ganz anders. Aber lies bitte erst noch ein bisschen weiter, denn zum Thema Arbeit kommen wir später noch. Wir träumen jetzt erst noch mal ein bisschen, denn Träume sind die Vorboten der Wirklichkeit!

Wohnen an einem Ort mit geschützten Arkaden, unter denen Bänke stehen, die Menschen zum Verweilen nutzen. Kleine Work-Spaces gibt es dort, in denen diejenigen arbeiten können, die zu Hause wenig Platz für ein Homeoffice haben oder schlicht nicht ganz alleine arbeiten wollen. Wir sehen Kinderläden, in denen Pädagoginnen und Pädagogen kleine Gruppen betreuen oder zum Spielen zusammenbringen. Alte Menschen, die zusammen Schach spielen. Eine Krankenstation für alle Notfälle. Wir sehen Sport- und Meditationsräume, Werkstätten, in denen wir selbst oder mit unseren Nachbarinnen und Nachbarn oder auch gegen kleines Geld unser Fahrrad reparieren und etwas basteln können. Wir sehen Entfaltungsräume.

Wir sehen Wohneinheiten mit geschützten, grünen Innenhöfen, mit großen Wiesen und altem Baumbestand, wo Eltern ihre Kinder unbesorgt zum Spielen nach draußen lassen können. Wo sich immer Spielkameraden finden. Wo Menschen über ihre Balkone locker mit ihren Nachbar:innen verbunden sind und mit dem munteren Treiben unten im Hof. Breite Laubengänge ziehen sich wie kleine Wege zwischen den Eingängen der Häuser und bieten Raum für den Plausch mit Freunden, Fremden und Wahlverwandten. Die Flachdächer sind begrünt – und dienen dem privaten und gemeinschaftlichen Gemüseanbau. Ein kleines Dorf in der Stadt.

Eine Utopie? Nicht ganz. Manche Wohn- und Baugenossenschaften setzen Teile dieser Ideen bereits um. Viele Genossenschaftswohnungen und Bauprojekte haben großzügige und begrünte Innenhöfe, sichere Spielräume für Kinder, Exträräume für gemeinsame Aktivitäten der Bewohner:innen. Utopisch ist eher die Vorstellung, dass diese Ausnahmen das neue Normal sein könnten.

Träumen wir weiter: In unserer Utopie gibt es in den Erdgeschossen der Wohngebäude all die kleinen Läden und Einrichtungen, die wir täglich benötigen, um ein schönes Leben zu haben. Ob mit oder ohne Kinder, für Alte und Junge, für Single-Menschen und WGs: den Fahrradladen, die Kita, die Krankenstation, den Gemüseladen, den Ort für Kunst und Kultur – und die Mieten dieser Räume sind fest und niedrig. Nicht von Immobilienspekulationen in die Höhe getrieben.

Es gäbe Pflegekräfte, die sich mit einer kleinen Krankenstation selbstständig gemacht haben. Oder Menschen, die sich ein Zubrot verdienen, indem sie Fahrräder warten oder einen Fuhrpark Leihräder verwalten. Wir könnten uns sogar ein paar Autos vorstellen, die sich die Gemeinschaft teilt.

Die Wohnungen sind hell, und ein Balkon über die gesamte Breite lädt zum Spielen und Entspannen ein. Außerhalb der Wohnung gibt es Wirtschaftsräume zum Waschen, Lagern und Arbeiten, sodass nicht alle Lebensbereiche in den Wohnungen abgebildet sein müssen. Die Mieten sind bezahlbar, das Wohnrecht auf Lebenszeit sicher, und es wäre leicht und völlig normal, die Wohnung je nach Bedarf mit anderen zu tauschen.

Denk es dir selber weiter. Was würdest du dir für deine ideale Wohnsituation und deinen idealen Stadtteil wünschen, der dir ein schönes Leben ermöglicht? Ganz gleich, ob du derzeit Kinder hast, eine:n Partner:in oder Single bist. Häufig trauen wir uns gar nicht mehr, diese Wünsche überhaupt zu denken oder zu formulieren. Wir sind völlig gefangen in den Begrenzungen, die wir täglich erleben. Und es fühlt sich so an, als ob es nicht anders ginge. Aber das stimmt ja nicht. Das Gängeviertel in Hamburg hat es zum Beispiel geschafft, sich als kreatives Viertel zu behaupten, in dem Wohnen, Kunst, alternatives Leben, Nachhaltigkeit nebeneinander funktioniert. Und in Lüneburg ist gerade das ökologische Wohnprojekt »queerbeet« für Familien, Singles, Paare und Wahlverwandte im Aufbau. Aber nicht nur bei uns im Norden: Überall sprießt und blüht es.

Wir müssen das Rad nicht neu erfinden. Es gibt Wirklichkeit gewordene Utopien in aller Welt. Wie die Krokusse, die im Frühjahr durch die Ritzen der Pflastersteine treiben, blühen solche Projekte überall. Doch initiiert und umgesetzt werden sie derzeit nur von Menschen, die in der Lage sind, einen Großteil ihrer Zeit und ihres Geldes diesen Projekten widmen zu können. Menschen, die es sich zur Lebensaufgabe gemacht haben, ihre Utopie von einem guten Leben Wirklichkeit werden zu lassen. Menschen, die zeigen wollen, dass es geht.

In den vorangegangenen Kapiteln haben wir gesehen, dass es vor allem unsere Lebensweise ist, die Frauen so viel Kraft kostet und ihnen die Lust am Leben nimmt. Die weiten Wege, die Unmöglichkeit, die einzelnen Aufgaben geschickt zu verbinden, die Sorge um die Kinder und nicht zuletzt die Einsamkeit durch unsere Art des isolierten Wohnens lassen die Gefühle von Hilflosigkeit und Stress immer stärker werden.

Eine gute Wohnsituation ist daher einer der wichtigsten Hebel für eine Stressprävention auf struktureller Ebene. Wenn es uns dann noch gelingt, die Schwelle niedriger zu legen, um in einen lockeren Kontakt mit den Nachbar:innen und weitergehenden Hilfssystemen zu kommen, wird der Weg frei für ein entspannteres, glücklicheres Leben. Für unkomplizierte Begegnungen, die das Leben reicher machen. Und wie nebenbei erfahren wir in diesen Begegnungen auch etwas von den anderen. Dann wird auch die Schwelle niedriger, um Hilfe zu bitten oder Dinge gemeinsam anzugehen, weil sie so einfacher sind. Freundschaften können entstehen und wachsen.

Vielleicht denkst du jetzt: Ich will aber zu dieser und jener Nachbarin gar keinen Kontakt! Das ist natürlich dein absolutes Recht. Es geht nicht um Zwangsbeglückung, und deine Tür muss nicht jedem offen stehen. Aber gerade jetzt, nach der Pandemie, können wir sehen, wie belastend die Vereinsamung ist, die in unserer Gesellschaft immer normaler wird. Viele beklagen, dass sie sich nach den Jahren der Isolation sehr schwertun, wieder in Kontakt mit Nachbarn oder Menschen des Stadtteils zu treten. Und fast jede Mutter oder Vater kennt solche Momente, wenn man zu Hause sitzt und verzweifelt ist, weil die Milch oder etwas anderes fehlt, man aber nicht raus will oder kann, weil das Kind krank ist. Und dennoch traut man sich nicht, die Nachbarin oder den Nachbarn zu fragen, ob sie für uns einkaufen oder vielleicht sogar kochen. Wir möchten auf keinen Fall lästig sein. Dabei wissen wir gar nicht, ob unser Wunsch nicht vielleicht ein Glück für die Menschen auf der anderen Seite des Flures wäre. In solch einer Welt der selbstverständlicheren Begegnungen, der gegenseitigen Hilfe und Zuwendung könnten auch die Mütter endlich »aufatmen, abgeben, aufleben«. Und natürlich auch die Väter, die sich in der Familienarbeit engagieren. Und nicht zuletzt die Kinder.

Denn stell dir vor, diese Freundschaften, Verbindungen und Angebote führten auch noch dazu, dass du für viele Dinge, die du derzeit kaufen musst, gar kein Geld mehr benötigst. Man könnte sich vieles teilen – vom Fondue-Topf bis zum Auto. Urlaub auf Balkonien und im Innenhof mit Planschbecken, verbunden mit kleinen Ausflügen in die nahe Umgebung, könnte sich für eine gewisse Lebensphase zu einer interessanten Alternative entwickeln. Das Kind bekommt das neue Fahrrad vom Nachbarskind, das gerade rausgewachsen ist. Babystühle, Babybetten – alles, was Kinder nur zeitweise benötigen, könnte durch einen kleinen Obolus erworben und später weitergegeben werden. Fahrtwege und damit Fahrtkosten reduzieren sich, wenn du im Work-Space deines Wohnhauses Homeoffice machen kannst.

Und wenn man das noch weiterdenkt, könnte es sogar bedeuten, dass du insgesamt weniger Geld verdienen musst, um deinen Lebensstandard zu bestreiten. Wenn die Wohnung bezahlbar und sicher ist, musst du nicht mehr aufs Eigenheim sparen. Sogar die Rentenabsicherung wäre leichter ausreichend zu bewerkstelligen.

Und vielleicht, wenn der Stresspegel in deinem Leben sinkt, benötigst du auch gar nicht mehr den teuersten Urlaub zur Entspannung oder die neuesten Möbel, damit du dich für all die Rackerei belohnst. Stattdessen könntest du dich für mehr freie Zeit entscheiden. Vielleicht könntet ihr sogar gemeinsam auf eine Vier-Tage-Woche oder zeitweilig sogar weniger wechseln und noch mehr Spaß mit eurer Familie haben.

Eine schöne Utopie, aber völlig realitätsfern? Vielleicht doch nicht so ganz.

»Wer den Hafen nicht kennt, in den er segeln will, für den ist kein Wind der richtige«, schrieb schon Seneca Anfang des ersten Jahrhunderts unserer Zeitrechnung in einem seiner berühmten Briefe. Das bedeutet: Der Hafen kann noch so weit entfernt, die Idee noch so groß sein: Wenn ich die Richtung kenne, habe ich Orientierung. Dann bringt mich auch der kleinste Schritt näher an mein Ziel. Und allein diese Schritte können sich schon sehr gut anfühlen.

Konkret heißt das: Du kannst sofort damit anfangen, deine

Nachbar:innen besser kennenzulernen, und wirst dich verbundener fühlen – auch wenn du in einem Wohnblock ohne grünen Innenhof wohnst. Du könntest deine Nachbarn zu einem Sommer-Umtrunk auf dem Fußweg einladen – und so alle besser kennenlernen. Du könntest anfangen, deine ausgelesenen Romane an deine Nachbar:innen weiterzugeben. Oder das ältere Nachbarskind als Babysitter zu engagieren und dich damit zu entlasten.

Nicht müde werden. Schritt für Schritt in kleinen, manchmal sogar nur in winzig kleinen Schritten, kommen wir voran. Wege auf diese Weise zu gehen ist leicht. Erste Ideen zum Weiterdenken und Weitergehen bekommst du in den nächsten Kapiteln. Angefangen mit den eigenen Kraftquellen über die Energie durch eine gute Partnerschaft, ein entspanntes Familienleben, nette Nachbarschaft, gesunde Arbeit bis hin zu gesellschaftspolitischen Forderungen.

In den Genuss politscher Lösungen kommen frühestens unsere Enkel und Urenkel. Für uns aber geht es um das Jetzt! Verlass dich nicht auf gesellschaftliche Hilfssysteme und politische Entscheidungen, damit es dir besser geht. Nimm dein gutes Leben selbst in die Hand! Jetzt!

Sich wieder gut fühlen – Kraftquellen für Mütter

Es ist sicher allen klar, dass in den allermeisten Fällen ohne eine kraftvolle, fröhliche und gesunde Mutter (oder eine andere »hauptamtliche« Fürsorgeperson) kaum etwas in einer Familie rundläuft. Nicht nur die Kinder und deren Väter wissen das, sondern auch unsere Gesellschaft. Mütterkuren sind deshalb ein fester Bestandteil des öffentlichen Gesundheitsangebots. Ein Tropfen auf den heißen Stein (wenn es gut läuft) und nahezu lächerlich, wenn der Alltag danach unvermindert so weiterläuft wie gehabt. »Müttergenesung« muss also selbstverständlicher Teil des Alltags sein. Doch wie? Und vor allem wann, wenn es keinen Ausstieg aus dem sich ständig weiterdrehenden Hamsterrad zu geben scheint? Wer könnte all die vielen kleinen und großen täglichen Aufgaben mit dem immensen Mental Load klaglos übernehmen, wenn man sich die eine große oder die vielen kleinen »Perlen« nicht leisten kann? Die Kinder? Klar sollen die lernen, Verantwortung zu übernehmen. Doch das ist ein mühsames Geschäft: lange Diskussionen, Erklärungen, Kontrolle, Erinnerungen, Streit, erneute Diskussionen, Kontrolle, Erinnerungen ... Das Hamsterrad dreht sich schneller und schneller. Und nicht immer lohnt sich der Einsatz unmittelbar, sind die Aufgaben der Kinder eine tatsächliche Entlastung. Vielmehr entspricht die Beteiligung der Kinder in vielen Fällen einem Erziehungsideal, das zusätzlich noch erfüllt sein will. Wie auch immer das gemeinsame pädagogische Konzept aussieht, fraglos ist auf jeden Fall, dass die Väter ihren Part im »Job Familie« übernehmen müssen. Was das bedeutet, ist vielen Männern leider nicht in vollem Umfang klar. Und so sind es die Mütter ihrer Kinder, die die »Stellenbeschreibung« für ihre Männer vornehmen und die entsprechenden Leistungen einfordern müssen. Und das noch im richtigen Ton auf Augenhöhe, denn sie sind ja keine Vorgesetzten, sondern die liebenden Partnerinnen. Wie soll das im Stress des Alltags gelingen?

Grundlegend – wirklich grundlegend (!) – ist es, als Erstes gut für sich selbst zu sorgen, um halbwegs entspannt in den Dialog mit Partner:in und Kindern eintreten zu können. Mit der Selbstfürsorge beginnt und endet es. Jede kleine Veränderung wird von Selbstfürsorge begleitet. Care-Arbeit – für sich selbst.

Wie die aussehen kann? Hier kommen zehn Impulse:

Abschied vom Mutterideal

Tatsächlich beginnt Selbstfürsorge erst einmal damit, Abschied zu nehmen. Abschied von einem überzogenen Mutterideal, das die Mutter zur Dienstleisterin aller werden lässt. Die Freude, mit Kindern zu leben in einer Familie, in der ALLE zu ihrem Recht kommen, die Mutter, der Vater und die Kinder, ist das Ziel dieser neuen Form der Care-Arbeit. Das ist leichter gesagt als getan, aber es ist die Voraussetzung für eine Veränderung: Wir kommen nicht drum herum, unser Bild von der guten Mutter zu hinterfragen. Landläufig denken wir, dass eine gute Mutter für ihre Kinder ständig zurückstecken sollte, damit die Kinder glücklich sind. Wenn das Kind spielen möchte, überspielen wir selbst unsere Müdigkeit und schieben Bauklötze oder basteln. Wenn das Kind nur Spaghetti isst, dann sollte die gute Mutter, ohne nachzulassen, dafür sorgen, dass sie ihm doch noch Gemüse unterjubelt. Wenn das Kind nachts nicht schläft, dann schläft die Mutter eben auch nicht. Die gute Mutter ist freundlich, aber bestimmt. Sie behält immer die Nerven. Sie weiß stets, was zu tun ist – und was ihr Kind braucht. Sie hat ganz generell die Fähigkeit, alle eigenen Bedürfnisse hintanzustellen.

Diese Erwartungen sind in unserer Gesellschaft traditionell geprägt, aber sehr viele Mütter haben sie längst als ihre eigenen Erwartungen an sich akzeptiert. Schließlich wissen wir mittlerweile durch Ratgeber und Medien, wie wichtig eine gute Bindung und das damit verbundene Urvertrauen für das ganze Leben eines Menschen ist. Elternzeitschriften oder Blogs publizieren Artikel, in denen erklärt wird, was eine gute Mutter ausmacht. Wer sich nur ein paar der klassischen Standards anschaut, merkt sofort, welche überzogenen Erwartungen hier formuliert werden, und dennoch lassen sich Mütter von diesen Idealen treiben.

Eine gute Mutter sollte:

- Verlässlich und mit Freude immer da sein, wenn sie gebraucht wird.
- Ihr Kind bedingungslos lieben und es so akzeptieren, wie es ist.
- Körperliche Nähe schenken, wann immer sie gewünscht wird.
- Wirklich zuhören und ein ehrliches Interesse am Kind haben.
- Ihrem Kind vertrauen und durchweg Zutrauen in seine Fähigkeiten haben.

Einfach mal nur zum ersten Punkt: Verlässlich und mit Freude immer da sein, wenn sie gebraucht wird.

Wo fängt das Brauchen an, und wo hört es auf? KEINE Mutter kann immer da sein, dieser Anspruch ist schlicht völlig überzogen – und doch würden wir diesen Satz fast alle auf Anhieb unterschreiben. Und die Mütter, die im Alltag merken, dass sie diese Anforderungen nicht lückenlos erfüllen können, haben ständig ein schlechtes Gewissen.

Außerdem ist jedes Kind anders. Und alle Erwartungen und Pläne, die wir bereits in der Schwangerschaft entwerfen, zerschellen ziemlich rasch an der Realität. Das Kind will ständig an der Brust trinken – und nicht erst nach vier Stunden, wie manche Ratgeber empfehlen. Das Kind will keine feste Nahrung zu sich nehmen. Das Kind schläft nicht durch, tagsüber schläft es vielleicht gar nicht. Das Kind ist sehr schreckhaft und will nicht in der Spielgruppe mitmachen. Ganz zu schweigen von all den Kindern, die mit besonderen Bedürfnissen auf die Welt kommen. Jede Mutter, jeder Vater, alle, die mit Kindern zu tun haben, können bestätigen: Das wirkliche Leben mit Kindern ist ganz anders als jedes Bild, das wir davon im Kopf haben. Und auch mit jedem zweiten und dritten Kind wird es wieder so sein.

Was also tun? Schauen wir ausnahmsweise mal vom Kind aus, so braucht es doch vor allem Eltern, die mit sich zufrieden sind und ihr buntes Familienleben unterm Strich genießen können. Auf dieser Grundlage kann es ein Kind durchaus auch mal verkraften, wenn ihm die Mutter nicht immer verlässlich und mit Freude zur Verfügung steht. Vorausgesetzt, seine Grundbedürfnisse an Sicherheit, Nahrung, Wärme und Nähe werden durch andere vertraute Menschen verlässlich und liebevoll abgedeckt. Darüber hinaus braucht das Kind für seine psychosoziale Entwicklung ungestörte Zeiten in einem intensiven Austausch mit einem reifen erwachsenen Menschen. Das muss nicht unbedingt die Mutter sein. Vor allem dann nicht, wenn die Mutter keine Ruhe dafür finden kann. Gründe dafür gibt es genug. Ein entspannter Vater, die Großeltern, eine Tante oder der coole Bastler aus der Laubenkolonie – alle Menschen, die sich dem Kind auf Dauer gelassen zuwenden können, sind für seine gesunde Entwicklung in gleicher Weise richtig und wichtig.

Der Weg zu einer entspannten Mutterschaft kann also nicht darin bestehen, dass wir immer perfekter darin werden, die üblichen Anforderungen zu erfüllen. Sondern es geht darum, das Muttersein so zu akzeptieren, wie es wirklich ist: Es ähnelt eher einem Abenteuerurlaub als einer All-Inclusive-Reise. Erwartungen loslassen und stattdessen neugierig sein auf das, was da kommt. Frauen, die das Muttersein mit einer gewissen Gelassenheit meistern, sind bereit, hohe Erwartungen zurückzuschrauben. Ans Kind, aber auch an sich selbst. Sie sind bereit, alle festen Vorstellungen zu hinterfragen, wenn sie sich als irrig für sie selbst und ihr Kind erweisen.

Auf den folgenden Seiten lade ich dich dazu ein, dich von Anregungen der Frauen aus meinen Gruppen inspirieren zu lassen. Wenn sich Frauen in dem geschützten Rahmen der Gruppe ein wenig entspannen und offen darüber sprechen, wie ein Familienleben aussehen kann, das beglückt, statt zu erschöpfen, dann wird es spannend. Diese Erfahrungen möchte ich mit dir teilen und dir so die Vielfalt der Möglichkeiten zeigen. Es sind keine Tipps und Tricks, eher Geschichten. Picke dir raus, was du interessant findest und umsetzen könntest. Vielleicht inspirieren dich diese Erfahrungen aber auch zu ganz eigenen Ideen und Lösungen.

Eine richtig gute Mutter sein – eine Geschichte aus meiner Gruppe

》*Mein Leben lang wollte ich immer alles richtig gut machen. Nicht nur in der Schule und im Job, sondern auch als Mutter. Ich hab mir wahnsinnig viel Mühe gegeben: Liebevoll und geduldig* wollte ich sein, gesunde Ernährung, biologisch und ohne Zucker, Frühförderung, wo immer sich was bietet. Das volle Programm eben. Mein Kind sollte alle Chancen dieser Welt bekommen. Ich wollte es besser machen als meine Mutter. Viel besser. Irgendwann sah ich mich dann mal flüchtig in einem Spiegel – also nicht so vorbereitet, wie im Bad, sondern so nebenbei im Vorbeigehen – und ich war entsetzt, wie verbissen und fertig ich aussah. So eine Mutter wollte ich nicht sein. Es war dann noch ziemlich schwer, meine Ansprüche an mich selbst runterzufahren (ich brauchte tatsächlich auch ein wenig therapeutische Hilfe dafür), aber seitdem bin ich deutlich entspannter und kann sogar manchmal über den einen oder anderen Fehler lachen. Und für mein Kind ist eine lächelnde Mutter sowieso das Beste. Klar, auch das ist wieder ein Ideal, aber eins, das mehr Spaß macht.«

Fragen für dich

Woran erkennst du für dich eine richtig gute Mutter?

___

Was für eine Mutter hättest du dir als Kind gewünscht?

___

Wie kannst du heute freundlich und fürsorglich mit dir selbst umgehen?

___

Ausreichend Schlaf

Die Ansprüche an sich selbst runterfahren, wenn einem das – vielleicht auch nur teilweise – gelingt, hat man schon fast den Stein der Weisen gefunden. Doch selbst mit diesem Allheilmittel ist das Leben mit Kindern immer noch sehr anstrengend. Es gilt also nach wie vor, gut für sich zu sorgen. Dazu gehört guter Schlaf.

Schlaf ist elementar für Gesundheit, Kraft und Lebensfreude. Wer zu wenig schläft, betreibt Raubbau an der eigenen Gesundheit und zerstört seine Zufriedenheit. Mütter schlafen jedoch chronisch zu wenig. Sie opfern ihre Gesundheit und ihr Wohlbefinden dem Funktionieren. Viele räumen lieber die Wohnung auf oder erledigen schnell Dinge, die liegen geblieben sind, statt sich, wenn das Kind schläft, tagsüber mal kurz hinzulegen, um etwas Schlaf nachzuholen.

Ein Zeichen für Schlafmangel ist natürlich Müdigkeit. Doch diese verfliegt oft angesichts von Aufgaben und Stress am Tag. Aber auch Ungeduld, kurze Nerven und allgemeine Gereiztheit können auf Schlafmangel hinweisen. Auch könnte es am Schlafmangel liegen, wenn du all deine Kreativität vermisst, keine Lust mehr hast, etwas zu lesen oder andere »leise« Tätigkeiten dich sofort einnicken lassen. Oder wenn du stets beim Zubettbringen deines Kindes mit einschläfst. Mit dem Schlaf des Kindes steht und fällt auch das Leben der Eltern.

Von daher ist es kein Wunder, dass Mütter ständig die Frage hören: »Schläft dein Kind schon durch?« Doch diese Frage kommt oft wie eine Prüfungsfrage an. Sie klingt ein wenig so, als wäre das gut schlafende Kind das Ergebnis der richtigen Erziehung. Als müsste man es nur wirklich wollen und es den Ratgebern entsprechend richtig machen. Tatsächlich ist es aber so, dass unsere Menschenkinder aufgrund der Kopfgröße bereits vor der vollständigen Reife ihres Nervensystems auf die Welt kommen müssen. Dabei sind einige Kinder »nervöser« als andere und brauchen einfach mehr Zeit, um sich an das Leben außerhalb der gemütlichen Gebärmutterhöhle zu gewöhnen. Schlaf nach dem irdischen Zeittakt will also geduldig erlernt werden.

So bekommen gerade junge Eltern nachts oftmals zu wenig Schlaf. Über längere Zeiträume kann sich das wie eine Folter anfühlen, die zu den unmöglichsten Zugeständnissen zwingt. Wir alle kennen Eltern, die nachts den Kinderwagen durchs Viertel schieben oder abends zwei Stunden lang Schlaflieder für ihre süßen Kleinen singen. Von außen werden all diese Zugeständnisse meist eher kritisch kommentiert. Das Kind müsse doch nun endlich durchschlafen, hören die Eltern. Oder auch, dass die viele Beelterung schuld daran sei, dass das Kind nicht schläft. Viele Eltern investieren deshalb sehr viel Zeit in die Suche nach dem richtigen Schlaftrick oder in die Schlaferziehung ihrer Kinder. Doch das ist die verkehrte Richtung.

Anstatt sich nun zusätzlich noch mit pädagogischen Ratgebern und »erfolgreichen« Eltern zu quälen und zu versuchen, am Schlafverhalten des eigenen Kindes etwas zu ändern, ist es viel einfacher, nicht dem Schlaf des Kindes, sondern dem eigenen Schlaf die höchste Priorität einzuräumen. Die Frage muss also lauten: »Was brauche ich, was brauchen wir, um gut und ausreichend schlafen zu können?« Manche Menschen brauchen viele Stunden Schlaf, um sich erholt zu fühlen, während anderen locker sechs Stunden reichen. Manche brauchen ihren Schlaf in einem Stück, andere kommen mit Unterbrechungen ganz gut zurecht. Bei manchen ist das Mittagstief besonders stark ausgeprägt, andere kommen leicht darüber hinweg. Manche sind »Lerchen«, deren starke Zeit schon am frühen Morgen ist, andere sind »Eulen«, die erst am Abend zu ihrer Höchstform auflaufen.

Vielleicht findest du einen Moment Zeit, um in Ruhe darüber nachzudenken: Was für ein Typ bist du? Was brauchst du, um dich ausgeruht und erfrischt zu fühlen? Was für ein Typ ist dein Partner oder deine Partnerin? Was für ein Typ ist dein Kind? Klar ist auf jeden Fall: Guter Schlaf hat Priorität, und alle brauchen ihren Schlaf auf ihre Weise. Es gilt also, gemeinsam passgenaue Lösungen zu finden.

Ein einfacher Weg kann es sein, in den ersten Monaten den Bedürfnissen des Kindes nach Nähe und Wärme zu folgen. Wie die anderen Primaten auch sind Menschkinder sogenannte Traglinge, die sich am Körper ihrer Eltern, ebenso wie am Körper anderer Erwachsener oder größerer Kinder am sichersten fühlen. Das zeigen auch diverse Reflexe, wie zum Beispiel die Anhock-Spreizhaltung beim Hochnehmen des Babys. In dieser Haltung kann es sich nämlich unmittelbar in die Hüfte der tragenden Person einschmiegen. Und mit seinen Greifreflexen verhindert es ein Abrutschen bei abrupten Lageveränderungen. Menschenkinder entspannen sich am besten bei körperlicher Nähe und schlafen so auch am entspanntesten. Die ruhigen Atemzüge der Eltern in der Nacht lassen auch das Kind zur Ruhe kommen. Ein kleines Beistellbett im elterlichen Schlafzimmer in den ersten Wochen und Monaten ist daher sehr zu empfehlen. Die Unterbrechungen bleiben kurz, und das erneute Einschlafen gelingt in der Regel schneller. Dennoch kann es auch ausgesprochen nervöse und später vielleicht auch sehr spielfreudige Kinder geben, die während der eigentlichen Nachtruhe viel Programm einfordern. Dann hilft es, als Paar wechselweise die Nachtschicht beim Kind zu übernehmen und wie bei jeder anderen Schichtarbeit auch, den fehlenden Schlaf am Tag nachzuholen. Das ist dringend notwendig, denn Schlafmangel macht nicht nur gereizt und ist die Ursache vieler unnötiger Streitereien, sondern er kann auch krank machen.

Egal wie chaotisch die Wohnung ist: Schlafen, wenn das Kind schläft, ist die Devise. Manchmal genügt schon eine kleine Mütze Schlaf, und der Akku ist wieder aufgeladen. Die Wirksamkeit eines sogenannten Powernappings, also einer kurzen zehn- bis zwanzigminütigen Schlafeinheit, ist längst wissenschaftlich belegt. Manche brauchen aber auch mehr. Eine Siesta, also eine ruhige Auszeit um die Mittagszeit herum, ist vielleicht genau das Mittel, um wieder in die Kraft zu kommen. Wirksamer als ein Urlaub kann hier die Investition in einen Babysitter sein. Eine Nachbarin oder ein älteres Schulkind, die mit dem Kinderwagen eine größere Runde um den Block drehen, tun Mutter, Vater und Kind gut. Und auch bei älteren Kinder kann die betreute Spielplatzrunde genau die Stunde schenken, um wieder zu sich zu kommen, die Nerven zu erholen und der Freude Raum geben zu können.

Gut schlafen können – Geschichten von Frauen aus meinen Gruppen

»Wir haben ein großes Familienbett. Da brauche ich nur die Hand auszustrecken, wenn mein Kind unruhig wird, und kann gleich weiterschlafen. Manchmal weiß ich morgens gar nicht, wie oft unser Kleines nachts gekommen ist.«

»Ich brauche nachts ganz und gar meine Ruhe. Ein eigenes Zimmer, ein eigenes Bett, und ich schlafe wie eine Bärin. In diesen anstrengenden Zeiten haben wir uns vom gemeinsamen Bett verabschiedet. Sex an ungewohnten Orten kann übrigens sehr anregend sein.«

»Ich persönlich schlafe am besten in der Löffelchenstellung mit meinem Liebsten. So ein rotierender Seestern dazwischen würde mich wahnsinnig machen. Da stehe ich nachts lieber zwischendrin mal auf und schaue nach dem Rechten.«

»Nachts aufstehen finde ich extrem stressig. Wir haben ins Kinderzimmer einfach noch eine komfortable Matratze gepackt. Wer von uns die Nachtschicht übernimmt, kann nach der ersten Störung gleich dort bleiben. Und tagsüber ist es für die Kinder eine tolle Spiel- und Tobefläche.«

Fragen für dich
Was brauchst du ganz persönlich für einen guten Schlaf?

_____

Wie kannst du dafür sorgen, dass du häufiger ausreichend Schlaf bekommst?

_____

Wer kann dich wie dabei unterstützen?

_____

Ruhige Mahlzeiten mit leckerem Essen

Nähre dich selbst, wie du andere nährst. Ist es nicht seltsam, dass gerade Mütter, die wenig schlafen und dabei so hart arbeiten, sich häufig so schlecht ernähren? Dabei investieren sie in das Essen der Kinder jede Menge Zeit. Pürieren Pastinaken und kochen jeden Tag frische Breikombinationen. Aber sie selbst? Manche Mütter und Väter in Elternzeit kommen kaum selbst zu einem entspannten Essen, weil das Kind ihnen keine ruhige Minute lässt.

Andere knabbern ein Croissant im Vorbeigehen, während sie den Kinderwagen schieben. Oder sie essen die Breireste, die das Kind verschmäht. Dabei hält Essen, wie man weiß, Leib und Seele zusammen. Und das ist es ja, was das Kind braucht: Eine Mama und einen Papa mit Leib und Seele.

Was ist gute Ernährung? Natürlich ist damit eine ausgewogene Ernährung gemeint. Gemüse, Getreide – möglichst frisch gekocht. Doch zur guten Ernährung gehört auch, dass wir uns einen Moment Zeit nehmen zum Essen. Dass das Essen in einer gefühlten Pause liegt. Dass es eine Auszeit von der Hektik ist, ein kurzer Moment, in dem wir runterkommen und Energie tanken. Über das Essen, aber eben auch über die Ruhe.

Und doch gibt es oftmals ganz objektiv nicht die Zeit dazu. Manchmal schafft man es noch zu kochen, doch der entspannte Genuss fällt schon wieder flach, weil das Kind wach geworden ist und seinerseits nach Essen kräht. Ruhige Mahlzeiten sind allerdings so ungemein wichtig für unsere Gesundheit, dass sogar das Arbeitsschutzgesetz verpflichtende Zeiten dafür vorgesehen hat. Nur im Privaten greift diese staatliche Fürsorge leider nicht, was aber die Bedeutung der notwendigen Pausen in der Sorgearbeit nicht schmälert. Eltern brauchen also eine »Kantine«, die allzeit ein leckeres Essen für sie vorhält. Ein schöner Traum? Nein. Ein guter Lieferservice kann das ebenfalls (und manchmal sogar besser) leisten. Vielleicht gibt es aber auch ein nettes Café um die Ecke, in dem man mitsamt den Kindern zum Mittagstisch willkommen ist. Wo und wie auch immer: Dabei entstehen zusätzliche Kosten, die ein Sparen an anderer Stelle notwendig machen. Hier gilt es, Prioritäten zu setzen: Leib und Seele sind die Basis, damit wir unseren abwechslungsreichen, aber eben auch fordernden Alltag mit Kindern meistern können. Gutes Essen und ausreichend Schlaf geben uns Energie. Das Gefühl, sich selbst gut zu versorgen, gibt Stabilität, um für andere zu sorgen.

! Entspannt essen – Geschichten von Frauen aus meinen Gruppen

》 Wir haben uns tatsächlich eine Zeit lang Essen-auf-Rädern kommen lassen. Man denkt ja, das ist nur was für alte Leute, aber so schlecht ist das gar nicht. Eine warme Mahlzeit am Tag, das war fast wie bei Muttern.《

》 Mein Mann kocht wahnsinnig gern. Er hat am Wochenende immer große Mengen gekocht, die wir dann in kleinen Portionen eingefroren haben.《

》 Pasta Pesto geht ja auch irgendwie immer. Und abends dann einen Salat vom Italiener. Das war manchmal wie ein kleines Fest.《

》 Ich hab einen Deal mit meiner Nachbarin: Ich hüte die Kinder, und sie kocht in der Zeit.《

? Fragen für dich

Was und wie isst du am liebsten?

_____

Wie kannst du dafür sorgen, dass du ausreichend Nahrung bekommst, die du magst und die dir guttut?

_____

Wer kann dich wie dabei unterstützen?

_____

Ein Raum für sich

Jeder Mensch braucht einen Rückzugsort. Ein Zimmer oder zumindest eine Ecke in der Wohnung, die er oder sie ganz nach ihrem eigenen Geschmack gestaltet. An solch einem Ort kommen wir zur Ruhe und fühlen uns sicher. Oft genügt hier schon ein kleiner Moment des Rückzugs, um sich im Alltagstrubel wieder zu finden und ein wenig zu erholen. Gerade Mütter verzichten sehr häufig auf ihren eigenen Platz in der Familie. Der Vater hat häufig ein Arbeitszimmer oder zumindest einen Schreibtisch. Manchmal gibt es auch noch den klassischen Werkkeller. Aber die Mutter ist oft völlig »heimatlos«.

Sie hat häufig nicht mal »einen Quadratmeter« nur für sich, der nach eigenem Belieben gestaltet werden kann. Natürlich, aus einem anderen Blickwinkel könnte man sagen, die ganze Wohnung ist doch ihr Terrain. Denn häufig ist die Frau diejenige, die sich um die Inneneinrichtung kümmert. Doch viele Mütter haben keinen Ort in der Wohnung, der dem persönlichen Rückzug dient. Manchmal wäre schon ein Sessel, auf den sich nur die Mama setzt, wenn sie liest, ein großer Schritt in Richtung Selbstfürsorge. Ein »Heiliger Ort«, der von den Kindern (und auch vom Partner oder der Partnerin) nicht gestört werden darf. Ein Ort, um zu sich selbst kommen zu können.

Oftmals geben unsere modernen Wohnsituationen da nicht viel her. Der Standard ist: Wohnzimmer, Schlafzimmer, Kinderzimmer. Hier können Innenarchitektinnen oder Einrichtungsberater helfen. Eine andere Raumverteilung, leichte Zwischenwände, Möbel an andere Stellen gerückt ... Manchmal genügen ein paar gute Ideen und ein, zwei kleine Skizzen – und plötzlich öffnen sich Räume.

Meine Räume – Geschichten von Frauen aus meinen Gruppen

»Ich habe von Anfang an auf einem eigenen Zimmer bestanden. Dafür hatten wir kein Wohnzimmer. Treffen mit Freunden finden nach wie vor immer noch in der Küche statt. Das ist bei uns sowieso der gemütlichste Ort.«

»Als ich unser Kind abgestillt hatte und es einigermaßen durchschlief, habe ich ab und zu mal bei einer Freundin übernachtet, die mir ihr Gästezimmer für eine ruhige Zeit zur Verfügung stellen konnte. Das war und ist bis heute sehr köstlich!«

»Mein ›Heiliger Ort‹ ist mein alter Ohrensessel, den ich von meiner Oma geerbt habe. Der steht jetzt in ›meiner‹ Ecke. Dort sind auch meine Bilder und ein paar schöne Erinnerungsstücke. Für meine Kinder war von Anfang an klar, dass sie mich dort nicht stören dürfen. Und wenn, dann nur sehr respektvoll.«

Fragen für dich

Wo und wie könntest du dir deinen »Heiligen Ort« einrichten?

_____

Wie kannst du dafür sorgen, dass dieser Ort von deiner Familie respektiert wird?

_____

Wen kannst du als Unterstützung einbinden?

_____

Den eigenen Körper wieder erobern

»Mit der Schwangerschaft hörte mein Körper auf, mir zu gehören.« Den Verlust körperlicher Selbstbestimmung als eine elementare Erfahrung in Schwangerschaft, Geburt und Stillzeit haben wir gleich am Anfang dieses Buches beschrieben, weil er so wichtig ist. Mit der Entscheidung für ein Kind widmen wir unseren Körper mit Haut und Haaren dem neuen Menschen. Nicht nur während der Schwangerschaft, sondern weit darüber hinaus stellen wir mit unserem Körper Nahrung, Wärme und Sicherheit zur Verfügung. Manche Kinder fordern vehement zu jeder Tag- und Nachtzeit den Zugriff auf die mütterliche Brust, und manche können nur auf dem Bauch der Mutter liegend zur Ruhe kommen und schlafen. »Unser Kind hat noch lange über das erste Lebensjahr hinaus auf mir gewohnt« sagte mal eine der erschöpften Mütter in meinen Gruppen.

Zudem verändern sich viele Körper sehr, wenn wir Mutter werden. Für viele Frauen ist es deshalb eine echte Aufgabe, sich in ihren neuen Körper hineinzufinden und ihn wieder in Besitz zu nehmen. Nicht nur für die eigene Gesundheit, sondern auch für einen lustvollen Sex. Den Weg dahin sehen die meisten Frauen darin, bald schon wieder so auszusehen wie vor der Geburt. Sie wollen so schnell wie möglich wieder »normal« sein. Und normal heißt, dass man so aussieht und sich so fühlt, als wäre nichts gewesen. Diäten und Rückbildungsgymnastik sollen dabei helfen.

Doch sich im Körper wieder wohlzufühlen, braucht eine ganz eigene Art der Zuwendung zu sich selbst. Und ein Sich-ernst-Nehmen. Und so wie jede Frau einzigartig ist, sind auch die Zugänge zu sich selbst oftmals sehr persönlich. Eins ist jedoch bei aller Unterschiedlichkeit allen gemeinsam: Zeit. Liebevolle Zeit für sich selbst. Das ist leichter gesagt als getan, weil doch alle liebevolle

Zeit dem neuen Menschlein zufließt. Dennoch ist diese Zeit der bedingungslosen Selbstfürsorge so ungemein wichtig, um wieder in die Kraft zu kommen. Täglich eine ruhige Stunde im Bad, vielleicht mit leiser Lieblingsmusik, um sich selbst zu betrachten, zu befühlen, zu pflegen und zu lieben. So liebevoll und zärtlich, wie wir es auch mit unserem Baby machen.

Früher lebten die Menschen in größeren Gemeinschaften, da gab es für gewöhnlich immer eine Tante oder eine Cousine, die mit Freuden das Neugeborene für eine Weile zu sich nahmen. Heute müssen wir dafür einiges an Organisation auf uns nehmen. Dennoch ist es möglich, unser Kind für eine Weile in die sicheren Arme einer vertrauensvollen Person zu übergeben: dem Partner oder der Partnerin, der glücklichen Nachbarin, einem Babysitter oder einer Babysitterin. Kleines Geld für große Erholung. Dennoch kann es manchmal sein, dass dieses Wohlbehagen mit sich selbst nicht ausreicht, um wirklich zu sich zu kommen. Vielleicht war das Geburtserlebnis zu einschneidend, oder es gibt noch Verletzungen an Körper und Seele durch eine Sectio oder einen Dammschnitt, die nicht richtig heilen wollen. Manchmal will aber auch der normale Babyblues nicht weichen oder hat sich sogar ausgeweitet und wie eine schwere Decke auf das neue Leben gelegt. Dann hilft fast immer eine professionelle Unterstützung. Hierfür gibt es Hebammen, Ärzt:innen und auch Psychotherapeut:innen, die sich auf diese besondere Not spezialisiert haben und gut weiterhelfen können. In schweren Fällen bezahlt das sogar die Krankenkasse. Oft genügen aber auch einfach ein paar selbst zu zahlende Stunden, um den Knoten zu lösen und wieder zu sich und in die Freude zu kommen.

Wieder in sich selbst zu Hause sein – Geschichten von Frauen aus meinen Gruppen

» Durch die vielen Untersuchungen während der Schwangerschaft und die sehr schmerzhafte Geburt hatte ich irgendwie den Kontakt zu meinem Körper verloren. Hinzu kam der große Dammschnitt, der einfach nicht heilen wollte. Ich traute mich kaum, mich selbst zu berühren. Und als mein Mann dann wieder Sex wollte, war es ganz aus. Es wurde immer schlimmer. Zuletzt durfte er nicht mal mehr in meine Nähe kommen, weil ich Angst hatte, dass er dann mehr wollte. Ich brauchte Zeit für mich und meinen Körper. Geholfen haben mir ruhige Stunden im Bad, pflegende Ölbäder und lustvolles Eincremen mit duftenden Lotions. Und nicht zuletzt hat mir eine behutsame Selbstbefriedigung auch wieder Lust auf Sex mit meinem Mann gemacht. «

» Ich brauchte therapeutische Hilfe. Und auch ein paar moderierte Gespräche mit meinem Mann. Glücklicherweise habe ich nun wieder Spaß mit mir selbst und auch mit ihm. «

» Ich musste erst abgestillt haben, um meinen Körper wieder für mich genießen zu können. Und dann war es das verlängerte Wochenende ohne Kind, das uns wieder zusammengeführt hat. «

Fragen für dich
Auf welche Weise kannst du dich und deinen Körper am besten genießen?

Wie kannst du dafür sorgen, dass du ausreichend Me-Time bekommst?

_____

Wen kannst du dir dafür als Vorbild nehmen?

_____

Rauskommen

Die Umstellung auf die Mutterschaft ist eine Herkulesaufgabe. Und dass viele Frauen gerade in der ersten Zeit mit leichten Verstimmungen zu tun haben, ist völlig normal. Wenn Frauen dann noch ihren Bewegungsradius fast ganz auf die Wohnung oder das Haus begrenzen, um die mütterlichen Aufgaben hinzukriegen, kann die flache Stimmung sich verfestigen – ohne dass man herausfindet, woher die Energielosigkeit oder die Anflüge von Trübsinn kommen. Das kann auch passieren, wenn Mütter wieder anfangen zu arbeiten und durch die Zeitnot nur noch zwischen Arbeitsplatz, Kita und Zuhause pendeln. Auch hier verengt sich das Leben schnell auf ein »Drinnen«.

Eine ganz einfache Methode, um diesen Mangel auszugleichen, ist, mehr in die Natur zu gehen. Tageslicht zu genießen. Und zwar jeden Tag. Kleine Spaziergänge um den Block mit einem Stopp im nächsten Café sollten für Mütter so selbstverständlich sein wie das Zähneputzen. In der Natur zu sein, den Himmel zu sehen, zu riechen, zu hören und zu spüren, welche Jahreszeit ist – das ist Seelennahrung. Nicht nur für die Mutter, auch für das Kind.

Natur tut gut – Geschichten von Frauen aus meinen Gruppen

»Ich bin fast durchgedreht allein mit dem Kind im Haus. Immer die gleichen Wände, immer die gleichen Abläufe. Fast wie im Knast. Irgendwann als ich dachte, ich klatsche dieses schreiende Kind gleich an die Wand, bin ich rausgegangen. Auch damit es nicht zu einer Kindesmisshandlung kommt. Ich habe das Kind einfach so, wie es war, in die Karre gepackt und bin losgelaufen. Ziemlich lange. Irgendwann konnte ich wieder durchatmen, und dann habe ich auch gesehen, dass der Frühling kommt. Ab da wurde es besser. Und die Runden wurden zu meinem täglichen Ritual.«

»Bei uns gibt es einen kleinen Park und ein Café mit Stühlen vor der Tür. Da bin ich Stammgast.«

»Wir haben ein Abendritual: Immer, wenn mein Mann nach Hause kommt, gehen wir gemeinsam mit unserem Kind im Kinderwagen eine Runde um den Block und erzählen uns vom Tag. Wenn wir Glück haben, schläft unser Kleines dabei ein und wir können noch in Ruhe essen.«

»Wir haben einen großen Balkon. Da pflanze ich Blumen und auch ein wenig Gemüse. Und da schläft auch unser Kind in seinem Wagen. Dort genieße ich meinen Frieden.«

Fragen für dich
Wie viel Natur brauchst du um dich herum, um dich im Einklang mit der Welt zu fühlen?

Wie kannst du für ausreichend Sauerstoff und Sonnenlicht für dich selbst sorgen?

Wer kann dich dabei unterstützen?

Zeiten für sich selbst und alte Freundschaften

Mit dem neuen Leben als Familie rücken alte Freundschaften häufig aus dem Fokus. Manche geraten richtiggehend in Vergessenheit. Die Mutter mit dem gleichaltrigen Baby von nebenan wird dagegen viel wichtiger. Was wir häufig nicht merken: Der Verlust alter Freundschaften ist oftmals auch ein Verlust von eigener Identität. Denn die alten Freunde sind Menschen, die uns auch außerhalb der Rolle als Mutter kennen. Mit ihnen kann man gemeinsame Erfahrungen teilen, über schräge Erlebnisse lachen und den eigenen Lebensfaden weiterspinnen.

Gerade für Mütter kann es sehr stärkend sein, trotz der neuen Lebenssituation ein starkes Band zu alten Freundinnen und Freunden zu halten. Auf den ersten Blick scheint es oft, als sei dies in der Rushhour des Lebens schlicht nicht möglich. Doch auf den zweiten Blick muss man sagen: Wer diesen Faden hält, stärkt sich, weil auch die alten Geschichten Teil der eigenen Identität sind und Kraft für das Heute geben.

Mit Freundinnen auftanken – Geschichten von Frauen aus meinen Gruppen

» Mit unserem ersten Kind verschwanden nach und nach meine alten Freundinnen. Irgendwie gingen unsere Lebensgeschichten einfach auseinander. Dieser Verlust meiner Vertrauten machte mich sehr unglücklich und trotz all des Trubels mit dem neuen Leben tatsächlich auch einsam. Wir hatten so viele intime Geheimnisse geteilt, und plötzlich war da nichts mehr. Ich brauchte diese Freundschaften außerhalb meines Familienlebens weiterhin dringend. Und so begann ich, wöchentlich feste Zeiten nur für mich und meine Freundinnen einzurichten. ›Muttertage‹ nannten es meine Kinder witzigerweise. So wie auch mein Mann seine alten Kumpels beim Sport traf, traf ich nun meine Mädels zum Quatschen und Kichern. Es tat so gut! Und ich verstehe bis heute nicht, warum ich nicht schon viel früher damit angefangen habe.«

» Mein Mann ist viel auf Montage, und ich dachte, ich kann meine Kinder abends nicht allein lassen, und wenn er da ist, kann ich erst recht nicht weg. Und dann gab es da plötzlich diese nette Nachbarin, die mir anbot, per Babyfon auf unsere Kinder aufzupassen und durchzurufen, wenn etwas sein sollte. Ich war nie weit weg, und doch habe ich die Zeiten mit meinen Freundinnen so genossen. Bis heute ist das mein Highlight der Woche.«

» Ich bin abends immer so erledigt, dass ich nur noch alle Viere von mir strecken kann und meist schon mit den Kindern einschlafe. Da hilft es auch nichts, dass mein Mann im Haus ist und sich um die Kinder kümmert. Wie haben uns dann eine Haushaltshilfe geleistet, sodass ich zwischendrin mal Atem holen und ab und zu auch mal ein Powernap machen kann. Jetzt bin ich abends endlich wieder fit genug für ein bisschen Spaß mit meinen alten Freundinnen. Eine echte Tankstelle ist das! Meine persönliche Müttergenesungskur.«

Fragen für dich

Welche Freundschaften sollten dir unbedingt erhalten bleiben?

_____

Wie kannst du diese Freundschaften pflegen?

_____

Wer kann dich dabei unterstützen?

_____

Selbstbestimmte sichere Gelder

Geld bedeutet Freiheit, Zukunft, Macht und Sicherheit. Viele Frauen geben mit der Familiengründung ihre finanzielle Sicherheit an den Mann ab. Das heißt nicht, dass sie nicht die Kontobewegungen kennen oder keine Ahnung von Geld haben. Aber sie reduzieren den eigenen Job auf Teilzeit oder nehmen lange Monate bis Jahre Elternzeit und verdienen damit meist deutlich weniger Geld als ihr Partner. Männer werden dadurch – und natürlich auch durch das Ehegattensplitting – ganz automatisch zu Besserverdienern. Natürlich sagen viele Paare: Mein Geld ist auch dein Geld. Doch es lässt sich nicht verhindern, dass sehr viele Frauen in dieser Konstellation anfangen, sich selbst zu beschränken. Man kauft natürlich die niedlichsten Klamotten oder den super Kinderwagen für das Baby. Aber für sich selbst? Da hören wir in den Kursen oft, dass Frauen es sich durchaus zweimal überlegen, ob sie sich aus dem Familieneinkommen das neuste Handy mit der besseren Kamera, ein leichtgängigeres Fahrrad oder eine Haushaltshilfe zur Entlastung leisten. Mit dem gänzlich selbst verdienten Geld vor der Familienzeit hätten sie dagegen nicht mit der Wimper gezuckt, sich ihre Gesundheit und Lebensfreude mit dem einen oder anderen Luxus zu erhalten.

Und die Rente ist noch viel schwieriger in der Partnerschaft zu verhandeln. Frauen sorgen viel zu selten dafür, dass ihre Reduktion im Job zugunsten der Sorgearbeit in irgendeiner Weise einen Niederschlag in ihrer Rente findet. Sie sprechen nicht einmal darüber! Für die Kinder wird vielleicht ein Ausbildungskonto angelegt, ihre eigene Alterssicherung spielt dagegen keine Rolle. Auch hier tritt eine Bescheidenheit zutage, die auf lange Sicht unzufrieden und vor allem arm macht. Viele Frauen leben immer noch in der Tradition ihrer Mütter und Großmütter, die sie überwunden glaubten. Eine Tradition, die nun mit der Mutterschaft aus dem Verborgenen heraus ihre ganze Kraft entfaltet: Nimm dich nicht so wichtig! Die Familie kommt immer zuerst! Die Mutter ist immer für das Kind da, sie selbst tritt zurück!

In unserer Gesellschaft bedeutet Geld jedoch schlicht Freiheit, Handlungsspielraum und Sicherheit. Dass Frauen so unhinterfragt auf finanzielle Freiheit und Sicherheit verzichten, nutzt dabei keinem. Schon gar nicht der Mutter oder dem Kind. Gerade Mütter sollten eigentlich besonders gut darauf achten, dass sie sich auch in diesem finanziellen Sinne so gut wie möglich genährt fühlen, damit sie die Kraft und Freiheit für all die anderen Aufgaben haben, die das Muttersein mit sich bringt.

So wie Frauen im Job ihr Gehalt und ihre Sozialversicherungen verhandeln, gilt es, diese Fragen auch für den »Job Familie« zum Thema zu machen. Am besten rechtzeitig bevor sie mit ihrem Partner oder ihrer Partnerin in die Familiengründung einsteigen. Doch Glaube, Liebe, Hoffnung und die Sehnsucht nach einem gemeinsamen Kind sind in den meisten Fällen so groß, dass man sie nicht mit so etwas Profanem wie Geld belasten will. Aber gerade in Zeiten der Liebe lässt sich am besten darüber sprechen. Als Paar allein ist das oft schwierig, schon weil oft finanzielle Sachkenntnisse fehlen. Doch dafür gibt es Beratungsstellen. Von der Rentenversicherung oder der Verbraucherzentrale angefangen über private Angebote, die sich auf Frauen und Geld spezialisiert haben, bis hin zu Notar:innen, die entsprechende Verträge aufsetzen können. Für all das ist es nie zu spät. Allerdings: Je früher, desto besser.

Für alle Paare ist zudem die Überlegung wichtig: Wie verteilen wir das Geld fair, wenn eine:r mehr Erwerbs- und der:die andere mehr Familien- und Sorgearbeit übernimmt? Hier kommt es automatisch zu einer finanziellen Schieflage – außer, beide denken gemeinsam darüber nach, wie sie das aktuelle Leben und auch das Leben in der Rente finanziell auf gute Beine stellen. Dafür gibt es verschiedene Ansätze. Man kann zum Beispiel einfach das gesamte Geld, das über die Erwerbsarbeit reinkommt, auf ein gemeinsames Konto leiten. Beide Partner:innen überlegen zudem, wie hoch die Rücklagen für die Rente sein sollten. Will jede:r Partner:in ab 65 Jahren mit 500 Euro dastehen oder 1000? Oder 2000? Was ist realistisch, und was ist möglich? Am Ende wird für die Person, die mehr Sorgearbeit übernimmt, die Rentenlücke per privater Rentenvorsorge geschlossen. Das ist ein gutes Gefühl, wenn man verheiratet bleibt. Und falls man sich trennt, spart es viel Ärger und Leid. Gezahlt wird der Ausgleich für die Rente aus dem Familieneinkommen.

Welche Vorsorge hier konkret sinnvoll ist – ob man in Aktien oder eine Lebensversicherung investiert oder vielleicht sogar eine Wohnung kauft und vermietet –, ist sehr individuell. Aber auch Paare, die sich Erwerbs- und Sorgearbeit auf eine für sie faire Weise aufteilen, sollten sich einmal beraten lassen. Beratungsstellen gibt es in jeder Stadt. Viele sind kostengünstig oder sogar kostenfrei. Die Verbraucherzentralen beraten unabhängig, aber auch die Rentenversicherung bietet persönliche und fundierte Beratungsgespräche an. Wichtig ist hier: Viele Paare verschleppen dieses Thema, oder sie finden nicht die optimale Lösung und machen deshalb: nichts. Dabei ist es so: Alles ist besser, als untätig zu bleiben. Auch ein Sparplan mit 25 Euro pro Monat bringt über die Jahre eine Summe, die als Rentenzuschuss nützlich ist.

Handlungsspielraum Geld – Geschichten von Frauen aus meinen Gruppen

》 Als wir uns zusammengetan haben, haben wir uns sofort ein gemeinsames Haushaltskonto eingerichtet. Jede:r hat zwar auch noch ein eigenes Konto. Das ist aber mehr für das persönliche Taschengeld, für eigene Reisen und Geschenke. Alles andere haben wir unabhängig vom Einkommen miteinander geteilt. Das war und ist ein gutes Gefühl. Vor allem, als dann die Kinder kamen und damit die Sorge- und Erwerbsarbeit zeitweise ungleich verteilt war. Nur wie wir das mit der Rente machen wollen, sollten wir uns trennen, haben wir irgendwie noch nicht regeln können. Dafür haben wir einen Termin bei der Verbraucherzentrale ausgemacht.《

»Wir haben uns eine Wohnung gekauft, die als Ausgleich der Person zufallen soll, die wegen der Sorgearbeit nicht so viel Geld verdienen konnte und kann.«

»Wir teilen uns die Sorgearbeit ziemlich gut auf. So können wir beide auch gleich viel unserem Beruf nachgehen. Da gibt es glücklicherweise keine Zukunftssorgen für mich.«

Fragen für dich

Wie könnte eine unabhängige Alterssicherung für dich aussehen?

_____

Was könntest du jetzt schon dafür einleiten?

_____

Wer könnte dich dabei vertrauensvoll und unabhängig beraten?

_____

Ansprüche an sich und andere Mütter herunterfahren

Ein Kind auf die Welt zu bringen und großzuziehen, ist natürlich irre viel »Arbeit«. Wobei Arbeit meint, dass es viel zeitlichen, emotionalen und auch finanziellen Einsatz braucht, damit ein Kind gut groß wird. Und immer, wenn wir uns anstrengen und Mühe geben, ist es ganz normal, dass wir einen gewissen »Werkstolz« haben. Dieses Kind ist in uns herangewachsen. Wir haben es auf die

Welt gebracht. Wir kümmern uns jeden Tag. Und wir finden deshalb ganz zu Recht: Das ist das tollste Wesen. Und das sollen die anderen auch anerkennen.

In unserer Gesellschaft findet jedoch das reine Muttersein keine öffentliche Anerkennung. Es reicht nicht, einfach ein Mensch mit Kind zu sein, der sich 24 Stunden am Tag kümmert. Wenn wir die Anerkennung erhalten möchten, funktioniert das nur, wenn das Kind sich gut entwickelt. Vielleicht sogar überdurchschnittlich gut oder schnell. Daher kommt es, dass fast alle Mütter in einer ständigen Vergleichsfalle stecken.

Wir schauen in den Kinderwagen einer anderen Mutter und denken: Wow, der guckt ja schon wach. Mein eigenes Kind schläft noch so viel. Ist das in Ordnung? In den Krabbelgruppen und auf dem Spielplatz geht es dann weiter: Dürfen Kinder in dem Alter eigentlich noch eine Windel tragen? Oh, die Kleine da ist ja sehr mutig! Und der Kleine dort kann schon schaukeln! Das sollten wir mal üben! Darf mein Kind eigentlich noch einen Wutanfall bekommen, wenn jemand ihm die Schaufel wegnimmt? Oder muss es so sein wie das Nachbarskind, das immer ruhig bleibt? Später in der Schule machen uns die guten Noten und die sportlichen Leistungen unserer Kinder stolz, als hätten wir sie selbst erbracht. Dass es manchmal auch einfach nur Glück ist, wie unser Kind in unser Gesellschaft zurechtkommt, wollen wir bei all dem Einsatz, den wir erbracht haben, nicht wirklich wahrhaben.

Vieles, was wir für unsere Kinder tun, ist nicht messbar im Sinne von Ursache und Wirkung. Halte ich mein Kind zum Klavierüben an, kann es sein, dass es durch die Auseinandersetzung mit dem Instrument und seinen eigenen Fähigkeiten Freude am Musizieren gewinnt und es mir später dankbar sein wird für die Konsequenz, mit der ich am Ball geblieben bin. Es kann aber auch sein, dass es nie wieder ein Klavier anfassen will, weil ihm das Instrument durch die vielen Stunden außerhalb seines Freundeskreises verhasst geworden ist. Und dann ist es plötzlich Elton John am Klavier, der alles wieder dreht. Wir haben oftmals viel weniger in der Hand, als wir uns wünschen. Und dennoch dürfen wir stolz sein. Nicht auf die Leistungen unserer Kinder, sondern auf ihre ganz eigene Persönlichkeit, der wir Raum zum Entfalten gegeben haben. Und wir dürfen stolz sein auf uns selbst, weil wir Raum zum Entfalten geben können.

Ansprüche runterfahren – Geschichten von Frauen aus meinen Gruppen

»Ich saß im Umkleideraum beim Kinderturnen und sah die anderen Mütter, die dort ebenfalls warteten. Manche hatten bereits ihre zweiten Kinder im Kinderwagen mit dabei. Unsere kleinen Turnerinnen und Turner konnten jetzt schon allein mitmachen. Wir hatten eine kurze Atempause. Manche Mütter waren gut vorbereitet, hatten Apfelschnitzchen und kleine Getränkeflaschen für ihre erhitzten Kinder dabei und plauderten angeregt. Andere hatten erschöpft ihren Kopf gegen die Kleiderhaken über der Bank gelegt und die Augen geschlossen. Da verstand ich auf einmal, dass es all diesen vielen unterschiedlichen Müttern in keiner Weise anders geht als mir selbst. Dass mein Kind vielleicht ungeschickter oder ängstlicher ist als die anderen Kinder spielt überhaupt keine Rolle. Wir sitzen alle im gleichen Boot und versuchen rudernd und schöpfend, über Wasser zu bleiben. Ich begriff, dass ich aufhören musste, so streng mit mir selbst zu sein. Muttersein ist ein harter Job, und jede von uns versucht, es so gut wie möglich zu machen.«

» Es war eine große Erleichterung, als ich nicht mehr die schöne Fassade aufrechterhalten musste.«

» Wir machen es uns so viel leichter, wenn wir aufhören, miteinander konkurrieren zu wollen.«

» Ich sehe die Erlösung in den Augen meiner Freundin, wenn sie meine unaufgeräumte Wohnung betritt. Das Gelächter, das dann folgt, ist einfach grandios!«

» Seit einiger Zeit halte ich einen Raum, meist die Küche, aufgeräumt, damit wir Mütter einen Ort zum Wohlfühlen haben. Der Rest kann bleiben, wie er ist. Ob ich aufräume oder nicht: Das Chaos kommt sowieso.«

Fragen für dich

Was wäre für dich ein Worst-Case-Szenario beim Besuch einer anderen Mutter?

_____

Wie kannst du dafür sorgen, dass andere Mütter sich bei dir wohlfühlen?

_____

Wer kann dich wie dabei unterstützen?

_____

Sich wieder gut fühlen

Lustvolle Gemeinschaften mit anderen Müttern

Einsamkeit ist eines der größten Probleme für Mütter in unserer Gesellschaft. Im ersten Kapitel dieses Buches haben wir beschrieben, wie das Muttersein mit dem Verlust von Teilhabe einhergeht und dem Gefühl der Vereinsamung Vorschub leistet. Mütter fallen aus vielen Bezügen heraus. Einfach, weil sie so wenig Zeit haben, aber auch, weil es oftmals nur wenige physische Räume für kleine, unkomplizierte Begegnungen und den Austausch mit anderen Müttern und Vätern gibt. Die Abläufe im Alltag haben häufig keine Zeitfenster und keine Räume, in denen Begegnungen stattfinden können. Wenn man das Kind aus der Kita abholt, haben nur wenige Zeit für eine kleine Plauderei, und meistens gibt es auch keinen Raum dafür. Manche gehen vielleicht im Anschluss noch zusammen auf den Spielplatz. Manche nutzen den Moment vor der Kita-Tür für einen kleinen persönlichen Austausch. Aber was, wenn man noch ein zweites Kind abholen muss oder das Kind den Spielplatz schlicht nicht mag und nach dem Trubel lieber seine Ruhe haben möchte? Die Möglichkeiten sind einfach zu begrenzt, als dass sie gegen die grundlegenden Einsamkeitsgefühle vieler Mütter helfen würden.

Nicht nur Mütter, alle Menschen brauchen Gemeinschaften, die tragen und tagtäglich leicht erreichbar sind. Sie brauchen ein Umfeld der kurzen Wege und der unmittelbaren Begegnungen. Dann ist auch Hilfe nicht fern. Noch ist in den meisten Fällen unser Wohnumfeld nicht dafür geschaffen. Dennoch gibt es Möglichkeiten der Kontaktaufnahme und Verbindungen. Das kostet zwar erst mal Zeit und Energie, die bei vielen Müttern oft kaum noch vorhanden ist, doch es lohnt sich. Aus einer kleinen Frage an die Nachbarin wird ein Angebot. Unterstützungen werden miteinander organisiert. Lösungen finden sich plötzlich außerhalb des engen Kleinfamiliensystems. Und wenn es dann auch noch Spaß macht, vielleicht sogar kleine Partys stattfinden, werden sich die Männer ganz von allein dazugesellen und vermutlich auch auf ihre eigene Weise einbringen.

Letztendlich geht es darum, die eigenen Ressourcen zielführend einzusetzen. Raus aus den Konflikten mit den Partnern und rein in die Solidarität mit den anderen Müttern. Entlasten wir damit die Väter unserer Kinder nicht zu sehr? Vielleicht. Vor allem aber entlasten wir uns damit erst einmal selbst. So kommen wir in die Kraft und können gestärkt in die Auseinandersetzung mit unseren Liebsten eintreten.

Energie von außen – Geschichten von Frauen aus meinen Gruppen

»Wir haben bei uns einen regelmäßigen Kaffeeklatsch mit den Müttern unserer Nachbarschaft eingerichtet. Unsere Kinder sind meistens mit dabei, allerdings sicher eingehegt mit vielen interessanten Spielmöglichkeiten. Die Kinder haben ihren Spaß, und wir müssen nicht ständig aufpassen und eingreifen. Tatsächlich können wir so mal zehn Minuten am Stück reden. Natürlich geht es auch um die Kinder: Vorsorgeuntersuchungen, Impfen, Essen, Kita usw. Aber es geht auch um uns: Ärger und Chancen in der Firma, weitere Karriereschritte oder vielleicht ein Wechsel. Es ist toll, mal in Ruhe verschiedene Meinungen von außen zu hören und nicht nur immer selbst vor sich hin zu brüten.«

»Wir haben eine kleine Ausflugsgruppe gegründet, mit der wir zusammen mit unseren Kindern die nähere Umgebung erkunden. Ich hätte nie gedacht, was es bei mir um die Ecke so alles zu entdecken gibt.«

»Ich bekam als Pädagogin lange Zeit Supervision für meine Arbeit in der staatlichen Erziehungshilfe. Die Fragen, die das Leben mit meinen eigenen Kindern betrafen, waren mir allerdings oftmals fast noch wichtiger als die in der bezahlten Arbeit. Also gründete ich eine sogenannte ›Mütter-Supervisionsgruppe‹, in der wir zusammen mit einer Psychologin die Alltagsprobleme mit unseren Kindern, Partnern und auch im Beruf besprachen, bevor sie sich zu größeren Störungen auswachsen konnten. Es war genial und kostete jede Teilnehmerin umgerechnet einmal im Monat dreißig Euro. Hinterher gingen wir Frauen immer noch gemeinsam zum Italiener. Da wurde es dann richtig lustig!«

Fragen für dich

Wie könnte ein entspanntes Mutter-Leben für dich aussehen?

―――――――――――――――――――――――

Was konkret würdest du gerne mehr machen? Was weniger oder ganz anders, als du es derzeit tust?

―――――――――――――――――――――――

Wer kann dich dabei unterstützen?

―――――――――――――――――――――――

»Liebe leben« – Zusammenstehen und Raum lassen

Beziehungen machen glücklich. Aber müssen sie immer so aussehen?

Ich bin mir meiner Seele
In deiner nur bewusst,
Mein Herz kann nimmer ruhen
Als nur an deiner Brust!
Mein Herz kann nimmer schlagen
Als nur für dich allein.
Ich bin so ganz dein eigen,
So ganz auf immer dein.
Theodor Storm, 1817–1888

Eine romantische Beziehung, ganz und gar auf das gefühlige Innenleben gerichtet, lässt sich in einer Partnerschaft – wenn überhaupt – nur ohne Kinder leben. Mit Kindern kann man die gegenwärtigen politischen und gesellschaftlichen Umstände nicht außen vor lassen. Es gilt also, Abschied zu nehmen von einem romantischen Beziehungsideal zugunsten einer Liebe, die einander Raum für persönliche Entfaltung und immer neues Wachstum schenkt. Wechselseitige Wertschätzung, liebevolle Begleitung und aufmerksame Unterstützung sind die Voraussetzungen dafür.

Hier kommen sieben Ideen, wie sich eine echte Partnerschaft auch im Leben mit Kindern leben lässt.

Flitterwochen mit Baby

Mit der Geburt des ersten Kindes werden auch eine Mutter und ein Vater geboren. Eine große Wandlung von der Frau zur Mutter und vom Mann zum Vater geschieht, oft begleitet von einem sogenannten Babyblues, nicht nur bei der Frau, sondern auch beim Mann. Es gilt, sich nach dieser Wandlung (neu) kennenzulernen: Nicht nur das neugeborene Kind, sondern auch die neugeborenen Eltern. Wie in den Flitterwochen braucht das Zeit, in der man sich um nichts anderes kümmern muss als nur um sich selbst und die kleine Liebesbeziehung. Zeit, in der man sich verwöhnen lassen kann, um miteinander »flüstern« zu können. Flittern heißt tatsächlich flüstern!

In diesen ersten Wochen und Monaten beginnt das Band der Liebe zu wachsen. Eine tragfähige Bindung entsteht, die den stürmischen Herausforderungen des künftigen Miteinanders standzuhalten vermag. Eine tolle Chance für die Väter, sich damit nicht nur in eine neue Rolle einzuleben, sondern sich intensiv in ihre wunderbaren Kinder zu verlieben. Gemeinsame Elternzeit in den ersten Wochen und Monaten ist das Beste, was ihr für euch und eure Familie tun könnt. Gönnt euch diese Zeit. Sie ist langfristig um so vieles wertvoller als jede schöne Reise später. Und investiert, wie ihr in jeden Urlaub investieren würdet: Leistet euch eine entspannende Rundumversorgung, die ihr noch eine ganze Weile fortsetzen und erst langsam auslaufen lassen könnt. Lasst euch öfter Essen liefern, bucht einen Blumenservice, bestellt online im

Supermarkt, leiht euch schöne Filme aus, ladet Freunde zum Essen ein, die für euch kochen und mit euch schmausen. Die Liebe will jetzt zu dritt oder auch zu viert oder zu fünft oder vielleicht sogar mit noch mehr Menschen gelebt werden.

Neue Verbindungen – eine Geschichte aus meiner Gruppe

»Die schönste Zeit unseres Familienlebens hatten wir, als mein Mann unmittelbar nach der Geburt unseres ersten Kindes wegen einer Rückengeschichte für acht Wochen krankgeschrieben und zu Hause war. Das war mit keinem Urlaub zu toppen. Wir lagen Nachmittage lang gemütlich zusammen auf dem Sofa, mein Mann, das Baby und ich. Zum Glück konnte mein Mann sich bewegen, also gingen wir ausgiebig zusammen mit dem Baby spazieren. Zugleich war klar: Er kann jetzt nicht den Haushalt machen oder schwere Einkäufe schleppen. Was als Not begann, war toll. Wir hatten eine Haushaltshilfe, bestellten Essen. Flitterwochen und Wochenbett in einem. Ein richtiges »Flitterwochenbett«! Ich hatte ja schon durch die Schwangerschaft eine innige Bindung zu unserem Kind aufgebaut. Diese Bindung konnte mein Mann nun ebenfalls ganz entspannt herstellen. Andere Väter aus unserem Freundeskreis wundern sich manchmal, dass er immer so rasch weiß, was mit unserem Kind los ist und was es zu tun gilt. Ich bin überzeugt, dass es an dieser intensiven frühen Kennlernzeit liegt. Er kennt unser Kind eben von Anfang an genauso gut wie ich. Jetzt mit dem zweiten Kind wird er die ersten zwei Monate seiner Elternzeit gleich parallel zu meinem Wochenbett nehmen. Und wie damals auch, werden wir uns eine Haushaltshilfe und einen Essensservice leisten. Das ist natürlich nicht ganz günstig. Aber es ist es uns wert, denn der Anfang mit dem neuen Familienmitglied ist ja ein bisschen ähnlich wie Flitterwochen. Wie toll, dass wir das jetzt nun zu viert miteinander erleben dürfen!«

Fragen für dich

Hast du auch Lust auf ein »Flitterwochenbett« mit Mann und Kind? Wie könnte das aussehen?

_____

Falls das nicht möglich ist: Wie könntet ihr es euch auf eine andere Art schön machen?

_____

Wer kann euch dabei unterstützen?

_____

Kleine Events statt großer Reisen

Urlaub mit Kindern ist Alltag unter erschwerten Bedingungen. Gerade mit Kindern macht es deshalb wenig Sinn, sich auf die »großen« Feriengefühle zu freuen und in der Zeit dazwischen auf den Durchhaltemodus zu schalten. Denn häufig benötigt man gerade in den Ferien besonders viel Kraft, damit ein Urlaub schön wird. Schließlich muss man auch dort – unter völlig neuen Bedingungen – dafür sorgen, dass die Kinder essen, gesund bleiben und sich wohlfühlen. Manchmal klappt das. Manchmal nicht. Mit Kindern ist Urlaub eine wichtige Familienzeit, aber nicht unbedingt erholsam für die Eltern. Günstiger wäre es, im Alltag immer wieder kleine Auszeiten einzubauen, in denen wir Kraft tanken. Auch als Familie. Kleine, besondere Erlebnisse durchbrechen den Alltag und geben Kraft. Die Erfahrung zeigt, dass Erlebnisse in der Natur besonders gut funktionieren. Dabei kann die Natur auch »ums Eck« sein.

Highlights schaffen – Geschichten von Frauen aus meinen Gruppen

»Früher haben wir am Samstag immer gemeinsam den Haushalt gemacht. Mit Einkaufen und Putzen war unser Wochenende dann im Prinzip immer versaut und die Laune entsprechend schlecht. Als es mal wieder so richtig eskalierte, ist es uns tatsächlich gelungen, alles stehen und liegen zu lassen und mit Kind und Kegel an die Elbe zu fahren. Der frische Wind ließ uns durchatmen, und der weite Blick ließ unseren Alltag so klein erscheinen. Seitdem ist der Samstag unser Ausflugstag. Mal geht es in Feld, Wald und Wiesen. Mal in eine nächstgelegene Kleinstadt mit Museum und Caféhausbesuch. Mal besuchen wir ein Freigehege mit Streichelzoo. Seitdem sind auch unsere Kinder viel entspannter. Und uns geht es sowieso besser damit. Und den Haushalt? Den Einkauf macht jetzt mein Mann am Freitag immer mit einer gesammelten Wochenliste. Die Wäsche mache ich immer mal zwischendrin. Und für das Saubermachen haben wir uns jetzt eine Haushaltshilfe geleistet. Das ist Luxus pur!«

»Wir haben einen Kleingarten. Wenn wir da sind, ist immer gleich Urlaub.«

»Wir denken über einen Wohnwagen-Stellplatz nach. Klingt ein bisschen spießig. Aber irgendwie auch lustig.«

»Bei uns hat sich so ganz nebenbei ein sonntägliches Spaghetti-Ritual mit Freunden ergeben. Weil wir wegen unserer Kinder nur schlecht irgendwo einkehren können, fingen wir an, unsere uns lieben Menschen tagsüber zu uns einzuladen. Und weil besagte Kinder aufwendige Essen großartig zu verhindern wussten, landeten wir schließlich bei Pasta. Nun bringen unsere Freunde das eine oder andere außergewöhnliche Pesto oder eine leckere Soße mit, und wir kümmern uns um große Mengen Nudeln. Ein unschlagbarer Vorteil für uns alle: In unseren vier Wänden können wir nicht nur unsere eigenen Kinder, sondern auch die anderen entspannt loslassen. Natürlich ist das manchmal ziemlich laut. Trotzdem können wir Erwachsenen in Ruhe miteinander quatschen und mal was anderes hören als immer nur unseren eigenen Alltag.«

Fragen für dich

Wo und wie könnt ihr rauskommen und kleine, freudvolle Auszeiten in euren Alltag bringen?

_____

Wie kannst du dafür sorgen, dass diese Alltag-Highlights regelmäßig für dich und euch stattfinden?

_____

Wer kann dich und euch dabei unterstützen?

_____

Beziehungsbooster: Anerkennung und Wertschätzung

Sich anerkannt und gesehen zu fühlen ist ein menschliches Grundbedürfnis. Im Trubel der Elternschaft geht das gerade zwischen den Partner:innen häufig verloren. Weil sie permanent beschäftigt sind und beide häufig über ihre Belastungsgrenzen gehen, sehen sie gar nicht mehr, was der andere oder die andere alles tut. Gerade mit dem oder der Liebsten geizen wir deshalb mit Anerkennung und Wertschätzung. Doch wenn beide Partner:innen sich nicht gesehen fühlen, kriselt es schnell in der Beziehung.

Da hilft nur, über den eigenen Schatten zu springen und mit wertschätzenden Worten für den Partner oder die Partnerin anzufangen. Und zugleich sollten wir dafür sorgen, dass unser persönlicher Einsatz für das Leben mit Familie ebenfalls gesehen wird. Zugegeben, das fällt nicht so leicht (vor allem nicht, wenn wir selbst der Ansicht sind, dass wir gar nichts Besonderes leisten). Es ist also ein Dreischritt: Schätze dich selbst wert für all das, was du als Vater oder Mutter leistest. Benenne dies ruhig auch, und fordere von deinem Partner oder deiner Partnerin, dass er oder sie dies auch wertschätzt. Und sei selbst ebenfalls großzügig mit der Anerkennung für all das, was deine Liebsten leisten.

Wertschätzung schenken – Geschichten von Frauen aus meinen Gruppen
》 *Einmal war ich besonders stolz auf meinen Mann und habe das in seiner Gegenwart auch unseren Freunden erzählt. Ich war überrascht, wie entspannt und glücklich er danach war. Damit hatte ich überhaupt nicht gerechnet. Ab da habe ich mich bemüht, das öfter zu machen: Mal einfach nur Anerken-*

nung für ihn so unter uns und dann zunehmend auch vor anderen. Oft waren es nur Kleinigkeiten, die ich durch meine Wertschätzung noch mal hervorgehoben habe. Das klingt irgendwie nach manipulativer Lobhudelei, doch ich meinte das tatsächlich ernst. Und irgendwie änderte sich dadurch mein Blickwinkel. Ich habe viel mehr gesehen, was er alles gut macht und was ich so an ihm schätze. Das hat ihm und unserer Beziehung so gutgetan, dass ich das manchmal auch hinbekomme, wenn ich gerade nicht so gut auf ihn zu sprechen bin. Aber das Allerbeste ist: Wenn ich ihm jetzt zeige, was ich geschafft habe, oder auch, was mich an diesem Tag geschafft hat, und ihn dann erwartungsvoll ansehe, dann grinst er ein bisschen und kann tatsächlich auch was Nettes zu mir sagen. Manchmal wird es dann sogar zu einem wechselseitigen Spiel, ein bisschen albern zwar, aber doch ziemlich lustig.«

»Bei einer Übung, die wir mal in einem Workshop gemacht haben, sollten wir an eine Person denken, der wir gerne einen Orden geben würden. Es sollte eine ganz kleine Leistung sein. ›Helden des Alltags‹ sozusagen. Das war eigentlich ganz leicht. Viel schwerer war es, sich selbst einen Orden zu geben. Komisch eigentlich.«

Fragen für dich
Wofür hast du einen Orden verdient, und wie kannst du das kommunizieren?

Wie kannst du dafür sorgen, dass du deinen Blick für das Positive in eurer Partnerschaft stärkst und siehst, was alles gut läuft?

―――――――――――――――――――――――――――

Auf welche unterschiedlichen Weisen könntest du deinem Partner oder deiner Partnerin deine Wertschätzung zeigen?

―――――――――――――――――――――――――――

Team Eltern: Ein starkes Band knüpfen

Paare, die gemeinsam etwas Ungewöhnliches gestemmt haben, fühlen sich verbundener und glücklicher miteinander. Das gemeinsame Tun hat schlicht eine große, verbindende Kraft. Dieses Phänomen nutzt man zum Beispiel bei Team-Buildings, wenn Teams zusammen im Hochseilgarten Höhen erklimmen oder etwas anderes Verrücktes tun. Natürlich denken die meisten Paare, dass die Familiengründung solch eine ungewöhnliche Herausforderung ist, die einen zusammenschweißt. Aber durch die Situation, in der Familien häufig leben, fühlt es sich oft nicht so an. Im Gegenteil. Die Familie wird zur Zerreißprobe für die Partnerschaft. Die Belastungen führen nicht zu mehr Verbundenheit, sondern zu Frust. Sehr viele Paare trennen sich, sobald Kinder da sind.

Um sich als Paar zu stärken, kann es deshalb sehr schön sein, ganz bewusst zusätzlich zum Familienleben noch in einem anderen Bereich ein Gefühl von Verbundenheit herzustellen. Leicht geht das mit einem gemeinsamen Hobby oder einem gemeinsamen Sportinteresse. Besonders bereichernd können aber auch etwas verrückte Ideen sein oder zumindest eine Sache, die beide noch nie gemacht haben, zum Beispiel ein Tanzkurs, ein Kurs im Schafe scheren, ein Ausflug ohne Ziel oder ein schlichter Rollentausch. Natürlich sollte es etwas sein, was beide spannend und im besten Falle auch lustig und anregend finden. Das Gefühl der Gemeinsamkeit, das wir auf diese Weise herstellen, stärkt uns für das (verrückte) Abenteuer Familie.

Gemeinsam etwas bewegen – Geschichten von Frauen aus meinen Gruppen

》 Ein gemeinsames Kind sollte die Krönung unserer Beziehung sein. Doch das Gegenteil war der Fall: Das Kind drängte uns als Paar auseinander. Wir litten beide sehr unter dem Verlust einer ungestörten Zweisamkeit. Da haben wir unser Kind für ein Wochenende bei den Schwiegereltern untergebracht und uns gegenseitig gedatet – einschließlich eines ›One-Night-Stands‹ in einem schicken Hotel. Das hat uns so gutgetan, dass wir das jetzt fast jeden Monat einmal machen. Nicht immer haben die Schwiegereltern Zeit, doch gibt es ja auch noch Freunde. Und gerne nehmen wir dann auch mal deren Kinder für ein Wochenende.《

》 Als es bei uns gekriselt hat, haben wir mal eine Flasche Wein geköpft und uns gefragt, wie wir eigentlich leben würden, wenn wir könnten, wie wir wollen. Das war total spannend, denn wir haben gemerkt, dass wir mit unseren Träumen und Wünschen gar nicht so weit auseinanderliegen. Das hat uns wieder zusammengeschweißt.《

»Wir haben überlegt, wie wir am liebsten wohnen würden, und haben dann unsere Wohnung noch einmal ganz neu aufgeteilt und eingerichtet. Das war wie ein Neustart.«

»Bei uns ist richtig was in Bewegung gekommen, als wir aus Quatsch mal während einer Urlaubswoche zu Hause einen vollständigen Rollentausch vorgenommen haben. Ich habe alle sogenannten Männerarbeiten übernommen, was erstaunlicherweise gar nicht so leicht war, und er ist voll in den Haushalt und die Kinderarbeit eingestiegen. Wir hatten verabredet, dass wir uns nicht gegenseitig fragen dürfen. Das gab dann schon komische Situationen, als ich den Nachbarn wegen unseres Rasenmähers um Hilfe bitten musste, während mein Könner danebenstand. Umgekehrt musste er dreimal zurück, bis er das richtige Windelpaket hatte. Dieser ›Abenteuerurlaub‹ hat uns beiden (und auch unseren Nachbarn) viel Spaß gemacht und richtig gutgetan. Seitdem gehen wir sehr viel respektvoller miteinander um.«

»Respektvoller ist es bei uns komischerweise durch ein kleines Spiel geworden. Als wir mal wieder ordentlich was gestemmt hatten, haben wir uns gegenseitig ein High Five gegeben. Das fühlte sich toll an. Von da an haben wir das öfter gemacht. Nun machen wir das auch oft zur Ermutigung, wenn ein anstrengender Tag vor uns liegt. Mittlerweile wollen das auch unsere Kinder. Sogar unser Baby hebt schon mal seine kleine Speckhand mit fünf ausgestreckten Fingern zum Abklatschen.«

? *Fragen für dich*

Welche ein bisschen verrückte Aktion könnte für dich und deinen Partner oder deine Partnerin eine besondere Qualität von Gemeinsamkeit schaffen?

―――――――――――――――――――――――――

Welche deiner Ideen könntest du sofort umsetzen?

―――――――――――――――――――――――――

Wer kann dich dabei unterstützen? (Zum Beispiel jemand, der in eurer Zeit zu zweit auf eure Kinder aufpasst.)

―――――――――――――――――――――――――

Arbeitsteilung neu gedacht

Das »bisschen« Haushalt ist ein großer Frustfaktor innerhalb der Partnerschaft, vor allem dann, wenn Kinder das Leben bereichern. Je gerechter Arbeit unabhängig vom Geschlecht verteilt wird, sodass sie den Begabungen und Interessen der Einzelnen am nächsten kommt, desto weniger Konflikte gibt es in der Partnerschaft. Arbeitsteilung neu denken bedeutet: raus aus den traditionellen Rollenvorgaben und rein in neue Herausforderungen. Doch solange nicht transparent ist, was alles an einem Familienhaushalt dranhängt, kommen wir hier nicht weiter. Anders wird es, wenn wir die Familienarbeit einmal wie eine Jobbeschreibung formulieren. Dafür braucht man zunächst einmal eine Liste all der Tätigkeiten, die anstehen – auch die der typischen Kümmer- und Drandenken-Tätigkeiten.

Erst dann kann man darüber sprechen, wer sich von den beiden Partner:innen auf diese Tätigkeit im Job »bewerben« würde beziehungsweise welche Aspekte uns davon liegen. Und welche wir lieber loswerden würden. Wenn das klar ist, wird miteinander gehandelt. Und das kann haarig werden. Wie auf einem orientalischen Basar kann es sogar dramatisch werden, weil man sich vermeintlich über den Tisch gezogen fühlt. Doch wie auf einem Basar ist es auch ein Spiel. Und es gilt, dass zum Schluss beide ein gutes Geschäft gemacht haben müssen.

Wichtig ist: Wer eine Aufgabe übernommen hat, kümmert sich um diese Aufgabe voll und ganz. Das heißt, zum Kochen gehört vorab das Einkaufen und das Kochen selbst sowie die Organisation von Mahlzeit, Aufräumen und Abwasch. Zum Elternabend gehört auch das Denken an den Termin, die Vorbereitung, das Kommunizieren der Ergebnisse oder To-dos, die sich daraus ergeben. Vielleicht gehören sogar die To-dos auch gleich noch mit dazu. Wer für die Wäsche zuständig ist, kümmert sich vielleicht auch gleich um die passende Kleidung der Kinder, wenn sie herausgewachsen sind oder etwas fehlt. Und wer für das Bad zuständig ist, weiß, welche Reinigungsmittel nachgekauft werden müssen. Damit könnte das typische Problem aufhören, dass die Mütter alles im Kopf haben, was zu tun ist – und die Väter »helfen«, wenn die Frau es verlangt oder darum bittet.

Arbeitsteilung von Grund auf – eine Geschichte aus meiner Gruppe

> »Mein Mann gestand mir irgendwann einmal, dass er dachte, meine Klagen über die viele Arbeit und den nimmer endenden Mental Load gehörten einfach dazu. Deshalb hat er das gar nicht so ernst genommen. Und natürlich auch, weil er keine Lust hatte, nach Feierabend noch eine zweite Schicht im Haushalt machen zu müssen. Ich war so wütend über sein Desin-

teresse, dass wir irgendwann eine Paarberatung aufsuchen mussten. Ziemlich verrückt, es ging doch nur um eine gerechte Aufteilung der Hausarbeit. Auf Anregung des Therapeuten habe ich dann mal alles aufgeschrieben, was so den lieben langen Tag und die liebe lange Woche und den lieben langen Monat anfällt, und wie viel Zeit für jedes ach so kleine Alltagselement in etwa zu veranschlagen ist. Das war viel Arbeit, denn nicht nur die tägliche Küche und das wöchentliche Bad, sondern auch der Adventskranz einmal im Jahr und das Geburtstagsgeschenk für den Fußballtrainer durften nicht vergessen werden. Mein Mann sollte auch eine Liste machen, was seiner Meinung nach so anfällt. Er staunte nicht schlecht, als er sah, wie kurz seine Liste im Vergleich zu meiner war. Dann mussten wir noch für jede Aufgabe schätzen, wie oft sie im Jahr anfällt und sie mit dem jeweiligen Zeitaufwand multiplizieren. Das war ziemlich nervig, aber auch gut, weil wir nun wussten, worüber wir reden müssen. Zum Schluss wurde noch jeder Posten mit Zeitangabe auf eine eigene Karte geschrieben. Dann begann das Spiel, zunächst noch im Beisein des Therapeuten: Wir durften uns abwechselnd eine Karte nehmen und den jeweiligen Zeitaufwand notieren. Es galt einen Gleichstand zu erreichen, der letztendlich nur durch stramm verhandelte Tauschaktionen zu erreichen war. Gänzlich unbeliebte Tätigkeiten mussten wir im gegenseitigen Einverständnis outsourcen. Meine Karten waren ab jetzt meine Aufgaben, seine Karten waren seine Aufgaben. Und es galt die Regel, dass wir uns in keiner Weise in die Arbeiten unserer Partner einmischen dürfen. Wann und wie diese durchgeführt werden, blieb deren Sache. Nach vier Wochen haben wir uns wieder mit dem Therapeuten zusammengesetzt und Punkte vergeben für Pflicht und Kür. Das war am Anfang durchaus nicht immer lustig. Dann durfte erneut getauscht werden, und auch über weiteres Outsourcing haben wir nachgedacht. Eine wichtige Erkenntnis war, dass nicht eine Tätigkeit mit der des anderen verflochten ist, zum Beispiel Wischen und Saugen. Am besten übernimmt also einer das Bad ganz und gar, und der andere kümmert sich um die Küche. Oder einer kümmert sich um die Böden und die andere um die Wäsche. Tatsächlich hat mein Mann nach und nach ein Gefühl für das große Ganze bekommen, und er wurde respektvoller gegenüber der ganzen Sorgearbeit. Das führte auch dazu, dass er jetzt viel schneller sieht, was es alles zu tun gibt und ich ihm nicht immer alles sagen muss. Und er handelt einfach auch schneller. Noch sind wir nicht durch, und so spielen wir immer noch alle paar Wochen unser Haushaltskartenspiel, aber längst nicht mehr so hitzig und verbissen wie am Anfang. Manchmal ist es sogar ganz lustig. Die Arbeit ist jetzt gerecht geteilt, und den Therapeuten brauchen wir nicht mehr. Bald kann ich die Karten meiner Freundin schenken.«

Fragen für dich

Welche Tätigkeiten willst du am liebsten sofort abwerfen?

_____

Was machst du eigentlich ganz gern?

_____

Welche Arbeitsteilung würde dir ein Gefühl von Gerechtigkeit geben?

_____

Was wäre ein allererster kleiner Schritt, um etwas zu verändern?

Unabhängige Wünsche und Ziele zulassen

Auch wenn wir Mutter oder Vater werden, haben wir weiterhin ganz eigene Wünsche und Ziele im Leben. Im Familiengewusel gehen diese häufig unter – doch wenn wir uns nur noch in unseren Rollen als Eltern begegnen, wird es für alle Beteiligten schnell langweilig. Wir sind einfach so viel mehr als nur Mama und Papa. Und genau diese anderen Seiten erhalten die Beziehung und den Austausch in der Partnerschaft lebendig.

Neue Seiten aneinander entdecken – eine Geschichte aus meiner Gruppe

»Als wir uns ineinander verliebten, wollten wir alles voneinander wissen. Und alles war spannend. Es war gerade das andere, das uns anzog. Später ließ die Neugier nach, wir hatten das Gefühl, alles vom anderen zu wissen, und mussten nicht mehr fragen. Es wurde langweilig zwischen uns. Das änderte sich, als wir uns gegenseitig Zeiten außerhalb unserer Beziehung verschafften. Damit konnten wir neue Seiten an uns selbst entdecken und uns unabhängig voneinander weiterentwickeln. Ein Gefühl von Freiheit und Selbstverwirklichung stellte sich ein. Und das Verrückte ist, dass diese Freiheit uns nicht auseinandergebracht hat, sondern, dass wir uns aus dieser Freiheit heraus neu ineinander verliebten.«

❓ Fragen für dich

Was würdest du tun wollen, was so gar nichts mit deinem jetzigen Leben zu tun hat?

_____

Wie kannst du etwas davon in dein jetziges Leben integrieren?

_____

Wer kann dich dabei unterstützen?

_____

Wechselseitige Unterstützung und Dankbarkeit

Liebe ist so viel mehr als die freudige Erregung und das Herzklopfen beim Anblick der oder des anderen. Ganz besonders im Familienleben zeigt sie sich als tätige Zuwendung. Das bedeutet: Wir tun etwas für die andere Person, das für uns selbst zunächst einmal keinen direkten Nutzen hat. In Bezug auf unsere Kinder heißt das zum Beispiel, dass wir uns 24/7 kümmern und sie in ihrer Entwicklung unterstützen, ohne zu wissen, was dabei herauskommt.

Aber wie zeigt sich die tätige Zuwendung in der partnerschaftlichen Liebe, ganz besonders im Familienleben? Interessanterweise finden Frauen recht häufig eine Übersetzung: Sie kümmert sich um die Kinder, während der Mann die Sportschau guckt, weil sie weiß, dass ihm diese Stunde wichtig ist. Sie befreit ihn von der Pflicht, den Elternabend zu besuchen, weil er Schule und Lehrkräfte einfach nicht mag. Sie lässt ihn im Job Überstunden machen, weil sie spürt, dass ihm seine berufliche Karriere wichtig ist – unabhängig davon, dass das Familieneinkommen bereits ausreicht und sie nun regelmäßig für das Abendprogramm mit den Kindern verantwortlich ist. Er weiß es vielleicht nicht, aber das ist tätige Liebe.

Wie könnte nun seine tätige Liebe aussehen? Er könnte die beruflichen Entwicklungswünsche seiner Frau unterstützen, auch wenn es für ihn unbequem wird, weil die Arbeitsteilung neu verhandelt werden muss. Vielleicht wird dadurch sogar das Geld knapper, weil er als möglicher Mehrverdiener seine Stunden reduzieren muss, um die Sorgearbeit wuppen zu können. Tätige Liebe ist auch, wenn er sich proaktiv mit Familienplanung und Verhütung beschäftigt und sich um eine finanzielle Absicherung kümmert, damit es beide gleichermaßen auch in Zukunft und gegebenenfalls unabhängig voneinander gut haben. Und tätige Liebe ist, wenn er von sich aus die Kinder über ein langes Wochenende versorgt, damit sie mal wieder die Luft der Freiheit schnuppern kann.

Tätige Liebe – Geschichten von Frauen aus meinen Gruppen

» Ich hatte schon einen Beruf als Krankenschwester, aber mein Lebenstraum war es, Hebamme zu werden. Als unsere Kinder beide im Vorschulalter waren, bekam ich unverhofft einen Ausbildungsplatz angeboten. Die Freude war unbeschreiblich. Doch allein diese gesonderte Ausbildung bedeutete für uns Krankenschwestern mindestens zwei Jahre Schichtdienst, und mein Mann hatte gerade einen großen Karriereschritt gemacht, der ihn wochenlang im Ausland verpflichtete. Da wollte und konnte er einfach nicht raus. Deshalb beschloss ich, das Angebot abzulehnen. Ich liebte ihn und unsere Kinder und wollte unsere Familie nicht sprengen. Natürlich trauerte ich über die verpasste Chance, aber ich war auch zuversichtlich, dass sich zur rechten Zeit etwas Neues auftun würde. Nun

sind unsere Kinder aus dem Gröbsten raus, mein Mann sitzt beruflich fest im Sattel, und ich habe mich erneut beworben. Die Ausbildung wird zwar jetzt drei Jahre dauern, aber meine Chancen stehen gut. Besonders gespannt sind allerdings meine Männer, wie es ihnen mit einer Mutter und Ehefrau gehen wird, die wieder zur Schule geht, und vor allem, wie sie dann gemeinsam den Haushalt geschmissen bekommen.«

»Ich war erfolgreich mit meiner Kunst, hatte schon diverse große Ausstellungen und war von verschiedenen Galerien angefragt worden. Aber es kam nicht wirklich Geld rein. Zudem waren unsere Kinder noch richtig klein und brauchten viel Fürsorge. Mein Mann sah dennoch, dass jetzt meine Zeit gekommen war, um als Künstlerin richtig durchzustarten und auf dem Kunstmarkt bekannt zu werden. Er glaubte an mich. Deshalb organisierte er seinen Arbeitsalltag neu, reduzierte seine Stunden und kümmerte sich intensiv um unsere Kinder. Für diese Liebesgeste werde ich ihm ewig dankbar sein.«

Fragen für dich

Auf welche Weise drückt ihr eure Liebe aus?

_____

Wie kannst du dafür sorgen, dass sich eure tätige Zuwendung auch in fordernden Zeiten zeigt?

_____

Welche kleine Sache kannst du vielleicht heute noch umsetzen?

_____

»Oh wie schön ist Panama« – Erholsame Familienzeiten

Wenn wir uns eine eigene Familie wünschen, tragen wir ganz starke Bilder in uns, wie ein schönes Leben mit unseren Kindern und unserem Partner oder unserer Partnerin aussehen wird. Genau danach streben wir. Diese Bilder haben sich nach und nach entwickelt durch die Erfahrungen, die wir in unserer Herkunftsfamilie gemacht haben, durch das, was wir in anderen Familien bei Freundinnen und Freunden oder auch in der Verwandtschaft erleben durften. Aber auch Geschichten, die wir gehört, Bücher, die wir gelesen und Filme, die wir gesehen haben, prägten und prägen bis heute unsere inneren Bilder über ein glückliches Familienleben. Manches soll ganz genauso auch bei uns sein, manches darf uns auf keinen Fall über die Schwelle kommen. Eigentlich dürfte das nicht zu schwer sein. Kinder gab es schon immer überall auf der Welt. Und wir selbst haben so viel hinbekommen in unserem Leben. Es kann nur gut werden. Und dann ist das Wunder geschehen: Unser Menschlein liegt mit großen Augen vertrauensvoll in unseren Armen. Noch ahnen wir nicht, dass wir mit diesem Zauber am Anfang eines langen Weges stehen, der uns vom leuchtenden Ideal in eine Realität führt, die uns herausfordern und verwandeln wird.

Wie können wir gemeinsam diesen Weg gehen, ohne uns aus den Augen zu verlieren oder erschöpft am Wegesrand liegenzubleiben? Welches unnütze Gepäck sollten wir abwerfen? Wie können wir uns immer wieder zwischendrin von möglichen Strapazen erholen? Und was brauchen wir wirklich, um fröhlich weiterziehen zu können?

Hier kommen sechs Ideen:

Abschied vom Familienideal

Jeder kennt das: Zu Besuch bei Freunden weisen die Eltern auf das großartige Bild im Flur hin. Das habe der Zehnjährige letzte Woche gemalt. Ganz spontan. Ein bisschen stolz sei man schon. Kann man auch sein. Das Bild ist schön: das Haus, der Himmel, die kleinen, fein gezeichneten Vögel. Sofort denken wir an den eigenen Zehnjährigen, der erst gestern wieder wütend den Stift auf den Boden geschmissen hat, weil er keine Lust hatte, das Bild für den Kunstunterricht auszumalen. Sofort sinkt die Stimmung ein wenig. Dabei wollen wir das doch gar nicht. Jedes Kind soll sich doch so entwickeln, wie es ihm entspricht. Das eigene Kind rennt vielleicht einfach lieber draußen rum als zu malen. Oder es entdeckt seine kreative Ader vielleicht später. Und: Ist doch eigentlich sowieso egal, was andere Kinder tun, können oder gerne machen.

Dennoch schmerzt es, wenn zwischen Ideal und Wirklichkeit so eine große Kluft liegt. Wenn unser Kind vielleicht nicht so hübsch und begabt und beliebt ist wie andere. Wenn es vielleicht krank ist, eine AD(H)S hat, besonders schüchtern oder ungeschickt ist, wenn es zu früh auf die Welt kam oder eine Lernbeeinträchtigung hat. Es ist nicht nur viel Arbeit, sondern schmerzt auch, wenn unser Kind nicht mithalten kann und wo und wie auch immer besondere Fürsorge und Förderung braucht. Und fast noch mehr schmerzt es, wenn ich als Mutter nicht so gelassen und freundlich sein kann, wie es meinem mütterlichen Ideal entspricht. Wenn ich oftmals müde und gereizt bin, schnell aus der Haut fahre, nicht Bescheid weiß, was in Kita und Schule gerade los ist und was mein Kind gerade bewegt. Spannungen in der Partnerschaft schmerzen. Streitigkeiten über Alltagskram, Geld, Erholung und die gemeinsame Zukunft kommen in dem Ideal von einem glücklichen Familienleben einfach nicht vor.

Es gilt also, Abschied zu nehmen von dem schönen Ideal. Es gilt loszulassen. Und auch das schmerzt. Doch um im Bild zu bleiben: Nur wenn wir etwas loslassen, können wir etwas Neues ergreifen. Wenn wir uns verabschieden von dem idealen Kind, können wir den Zauber unseres Kindes mit seinem ganz eigenen Wesen sehen und fördern. Wenn wir uns verabschieden von der idealen Mutter, können wir unsere eigenen liebenswerten Anteile wertschätzen und weiterentwickeln. Und nicht zuletzt: Wenn wir uns verabschieden von dem Bild des Traumprinzen und idealen Vater unserer Kinder, können wir die Liebe finden.

Abschied und Neubeginn – Geschichten von Frauen aus meinen Gruppen

》Ich habe mal so einen Bogen ausgefüllt, was für mich eine ideale Mutter und ein idealer Vater ist. Da habe ich gemerkt, wovon ich mich immer treiben lasse. Wie viel Druck ich mir selbst immer mache. Und dann habe ich mir überlegt: Wenn ich die Bestimmerin wäre (was ich ja tatsächlich auch bin), wie hätte ich es denn gerne, was könnte ich leicht hinbekommen, was würde ich lieber lassen. Als ich dann anfing loszulassen, hatte ich erst mal ein ziemlich schlechtes Gewissen. Eine gute

Mutter war ich damit in meinen Augen nicht mehr. Weil ich aber mit dem Abschied von meinen hohen Ansprüchen zunehmend entspannter wurde, merkte ich schon bald den Gewinn – nicht nur für mich, sondern auch für unsere Kinder und meine Partnerin.«

»Unsere Beziehung war eigentlich schon am Ende, doch als wir die Trennung planten, merkten wir beide, was uns alles verloren gehen würde. Deshalb verabredeten wir eine Co-Elternschaft im gleichen Haus. Wir stellten Abstand zwischen uns her, zeitlich wie räumlich, und regelten alles wie ein getrennt lebendes Paar. Dieses neue ›WG-Leben‹ war durchaus ein bisschen sonderbar, doch die Streitigkeiten nahmen deutlich ab und jetzt können wir sogar ab und zu friedlich zusammen mit unseren Kindern essen.«

»Bei uns fing der Stress an, als unser Sohn zur Schule kam. Ich selbst bin immer gern zur Schule gegangen, und das Lernen fiel mir leicht. Er aber hat überhaupt keine Lust dazu. Jeden Morgen der gleiche Kampf. Und immer wieder müssen wir zu Elterngesprächen: Er kommt zu spät, hat seine Hausaufgaben nicht gemacht, stört die anderen Kinder. Mir war das sehr peinlich. Als Mutter hatte ich offensichtlich versagt, bekam eine Fünf. Das machte mich wütend, und mir ist es sehr schwergefallen, mein Kind so zu lieben, wie es ist. Ich konnte nicht einmal mehr sehen, was für ein toller kleiner Kerl mit so vielen liebenswerten Eigenschaften er ist. Ich war nur noch genervt. Geholfen hat mir dann das Gespräch mit einer anderen Mutter, deren Kind zwar alles brav in der Schule macht, aber zu schüchtern ist, sich mit anderen zu verabreden. Dieses Problem hatten wir glücklicherweise nicht. Und auch vieles andere ist doch wirklich okay und ein Grund zur Freude. Damit konnte ich mich erst mal entspannen. Wir haben uns dann bald Hilfe bei einer Erziehungsberatung geholt. Auch das war mir noch ein bisschen peinlich. Aber in der Zwischenzeit weiß ich: Das ideale Kind gibt es gar nicht, und unseres ist wirklich toll!«

Fragen für dich
Wie sieht ein ideales Familienleben für dich aus?

_____

Was davon ist dir besonders wichtig, worauf könntest du verzichten?

_____

Wie sieht dein Partner oder deine Partnerin das?

_____

Vertrauen: Das Kind wird sich entwickeln

Wir schauen uns oftmals selbst dabei zu, wie wir an unsere Kinder Leistungsansprüche richten, die wir eigentlich nicht wollen. Doch es scheint tief in uns drinzustecken. Wir möchten das Beste für unser Kind. Aber irgendwie möchten wir auch, dass es sich möglichst perfekt entwickelt. Passt das zusammen?

Vielen modernen Eltern fällt es schwer, darauf zu vertrauen, dass die Kinder von alleine die nötigen Entwicklungsschritte machen. Mütter buchen PEKiP-Kurse, um das Kind in Bewegung zu bringen. Wir gehen zur musikalischen Früherziehung, um das Ohr und die Liebe zur Musik zu schulen. Gerade bei den ganz

Kleinen ist das Angebot an Förderung schier überbordend. Im Grunde ist daran ja nichts verkehrt. Wir möchten unserem Kind einfach vielfältige Anregungen für eine gesunde Entwicklung bieten. Doch oftmals ist der Preis zu hoch. Denn die vielen Zusatztermine sind für viele Mütter und manchmal auch für Väter ein Extrastress im Tagesablauf.

Natürlich wollen wir all die Termine auch nicht verpassen. Weil wir sie zum einen bezahlt haben und zum anderen ja wirklich der Meinung sind, dass sie für unser Kind und die Entfaltung seines Potenzials unverzichtbar seien. Oder weil es gut ist, dass der Vater zumindest die Schwimmstunden mit seinem Kind verbringt. Aber vielleicht sind ja wir es, die diese Termine brauchen. Weil es auch schön ist, beim Kinderturnen die anderen Mütter zu treffen und gemeinsam die Entwicklung der Kinder zu bestaunen.

Wir sollten uns allerdings klarmachen: Wir können unserem Kind alle möglichen Anreize bieten. Doch essenziell für die Entwicklung von Kindern ist letztlich vor allem die entspannte Zuwendung und ein anregender Freiraum für seine Entfaltung. Wo und wie auch immer. Ob ich mit dem Kind zu Hause singe oder lieber zur musikalischen Früherziehung gehe, ob ich viele Wege mit dem Kind zu Fuß mache oder es in den Sportverein schicke, ob ich mit meinem Kind den Spielplatz besuche oder es in einem Spielkreis anmelde, ob ich mit ihm gemeinsam einkaufe und es tatkräftig mithilft oder es ein Selbstständigkeitstraining besucht – die Alltagsvariante ist genauso förderlich für mein Kind wie die gebuchten Kurse. Für Kinder, die eher schüchtern sind oder schnell überreizt, kann die Alltagsvariante sogar die passendere sein. Denn die ständigen Gruppen-Aktionen stressen manche Kinder ungemein.

Wir können darauf vertrauen: Alles, was unsere Kinder den lieben langen Tag tun, machen sie, weil ihr Entwicklungsimpuls das fordert. Die Aufrichtung vom Liegen über das Sitzen ins Stehen und Gehen, die Beobachtung von Ameisen auf dem Gehsteig, das Fragen, die Neugier, das Ausprobierenwollen – Kinder sind unermüdliche Powerpakete, was ihre Entwicklung angeht.

Was Kinder aber auf jeden Fall von uns brauchen:

- Nahrung, Zuwendung und Sicherheit,
- freie Entfaltungs- und Gestaltungsräume,
- Vorbilder, denen es gern folgt,
- Menschen mit Lebenserfahrung, die sich ihm zuwenden und mit denen es in einen Dialog eintreten kann. Das müssen nicht unbedingt die Eltern sein. Auch eine Tante, die Nachbarn, Erzieher:innen, Großeltern, Babysitter und viele andere können diese Rolle ausfüllen.

In den meisten Familien sind diese Gegebenheiten vorhanden. Wir können uns also entspannen. Wir dürfen ganz ohne Extrastunden Familie sein. Wir können den gemütlichen Sonntagmorgen im Bett mit Büchern durchaus als Frühförderung bezeichnen. Den Waldspaziergang mit allen als Natur-Erlebnis-Kurs. Den Einkauf als Training in Selbstständigkeit. Unserem Kind wird nichts fehlen, wenn die Zusatztermine wegfallen. Vielleicht gewinnen wir sogar etwas, denn in der gemeinsamen Zeit ohne festes Programm können sich alle einbringen. Häufig entstehen genau aus diesen Momenten unvergessliche Erinnerungen, von denen wir immer erzählen werden. Und genau das ist es doch, was wir uns wünschen: dass unsere Kinder sich ihr Leben lang an schöne Momente mit der Familie erinnern. Letztlich geht es also einfach darum, als Familie eine gute Lebenszeit miteinander zu verbringen. Damit schaffen wir den Rahmen, damit sich die Kinder in jeder Hinsicht gut entwickeln können.

Und wenn es so sein sollte, dass Pädagog:innen oder andere Menschen, die nah am Kind sind und denen wir vertrauen, darauf hinweisen, dass das Kind den Anschluss an die natürliche Entwicklung zu verlieren scheint, können wir dem immer noch gezielt nachgehen. Und zum Beispiel den Kinderarzt, die Kinderärztin um Rat fragen. Denn natürlich kann es sein, dass ein Kind lispelt, motorische Schwierigkeiten hat, kurzsichtig ist oder in irgendeiner anderen Weise therapeutische Unterstützung braucht.

> **Vertrauensvolle Gelassenheit – Geschichten von Frauen aus meinen Gruppen**
>
> »Bei unserem letzten Kind hatten wir endlich die Ruhe weg. Wir wussten, es wird alles kommen, wenn die Zeit reif ist. Und wenn nicht, können wir uns Hilfe holen. Dennoch waren wir aufmerksam, worauf das Kind sein Interesse ganz besonders richtet. Da haben wir ihm dann schon auch Angebote gemacht. Das elektronische Schlagzeug war ziemlich teuer. Aber es hat sich gelohnt. Er spielt immer noch sehr gerne damit und übt auch regelmäßig, wenn der Lehrer es verlangt.«
>
> »Das Aufmerksamsein und das Mitgehen sind das Wichtigste. Unser Kind hat schon sehr früh signalisiert, dass es keine Windeln mehr tragen will. Mir passte das eigentlich überhaupt nicht in den Kram, aber wir haben uns darauf eingelassen und auch gleich nachts darauf verzichtet. Und tatsächlich war das Thema damit durch. Natürlich hat sie sich noch ab und zu verspielt, aber dafür gibt es ja Reserveklamotten und die Waschmaschine.«
>
> »Wir hatten immer Stress mit dem Essen. Es ist ja bekannt, wie wichtig gesunde Nahrung ganz besonders im Wachstum ist. Und ich wollte alles richtig machen. Irgendwann konnte ich nicht mehr. Ab da gab es Wunschkost für unsere Kinder,

sprich: Pasta, Pasta, Pasta. Für mein gutes Gewissen gab es dann oft selbst gemachten Früchtequark zum Nachtisch und zwischendrin Nüsse und den einen oder anderen Rohkostteller. Seitdem herrscht Frieden bei uns.«

Fragen für dich

An welche Momente mit deiner Herkunftsfamilie erinnerst du dich besonders gern?

___

Welche Alltagsmomente kannst du jetzt mit deinem Kind ganz besonders genießen?

___

Mit wem könntest du dich zusammentun, damit diese Momente zuverlässig stattfinden?

___

Eigensinn wagen: Wer sagt denn, dass man das so machen muss?

Oftmals ist unsere Idee, wie etwas zu sein hat, ein großer Stresstreiber im Familienalltag: Ein Kind muss ab einem bestimmten Alter trocken sein. Ein Kind muss so und so viel Gemüse essen. Ein Kind muss so und so selbstständig sein. Eine Mutter muss immer geduldig bleiben. Und ein Vater muss immer stark sein. Wir alle haben solche Muss-Sätze im Kopf. Wir sind auch der Ansicht, dass man »gute Arbeit leisten muss« oder »nicht anstrengend sein darf« oder dass jeder »seines Glückes Schmied ist«.

Meist hinterfragen wir diese Muss-Sätze gar nicht. Wir sind einfach überzeugt davon, dass richtiges Leben so geht. Doch wie sind solche Überzeugungen entstanden? Wir sind ja nicht damit geboren. Ganz schlicht: Wir haben sie uns abgeschaut. Wir haben sie gelernt von unseren Eltern, von Freundinnen und Freunden und von allen Menschen, die uns wichtig waren und die uns etwas über das Leben erzählen konnten. Mithilfe dieser Erzählungen und den eigenen Erfahrungen haben wir Grundannahmen gebildet. Und die haben uns geholfen, diese komplexe Welt zu verstehen und in ihr handeln zu können. Damit fühlen wir uns zugehörig und sicher. Solange uns diese Grundannahmen im guten Sinne nutzen, müssen wir sie auch gar nicht hinterfragen. Doch wenn wir uns angestrengt und von den Ansprüchen an uns selbst oder all den Muss-Sätzen in unserem Leben getrieben fühlen, sollten wir schauen, welche dieser Grundannahmen vielleicht dysfunktional geworden sind. Wenn uns das klar ist, können wir uns von ihnen verabschieden und neue Ansichten formulieren, die ebenfalls wahr sind, uns aber helfen, ein gelasseneres Leben zu führen.

Das ist nicht unbedingt einfach und geschieht am besten mit anderen zusammen. Vielleicht, indem man mit Freundinnen und Freunden bei einem gemütlichen Beisammensein Gedanken, Sätze und vermeintliche Aufträge sammelt, wie gute Eltern grundsätzlich immer sein müssen und was sie unbedingt machen müssen. Das darf gern auch übertrieben und lustig sein. Zum Beispiel: Gute Eltern erkennt man daran, dass ... ihre Kinder immer sauber gekleidet und höflich sind. Gute Eltern machen immer ... eine gesunde und leckere Snackbox für ihre Kinder. Gute Eltern sind immer ... freundlich und geduldig. Je mehr sich darüber lachen lässt, desto leichter ist es, sich von der Absolutheit dieser Aussagen zu verabschieden, ohne dass gleich alles über Bord geworfen werden muss.

Trotz eines immensen neuen Wissens und vielen guten Erfahrungen können wir leider nicht verhindern, dass wir im Kern immer noch die traditionellen Vorstellungen unserer Eltern und Großeltern in uns tragen. Vorstellungen, die in der Verborgenheit ihr Unwesen treiben, ohne dass wir es merken. Je mehr Licht wir dorthin bringen, desto besser können wir sortieren, was für uns, unsere Partnerschaft und unsere Kinder wertvoll ist und was endgültig auf den Müllhaufen der Geschichte kann.

> **Da haben wir einfach losgelassen – Geschichten von Frauen aus meinen Gruppen**
>
> » Mit unseren Kindern sind die schönsten Stunden des Tages zu den schrecklichsten geworden. Früher konnten wir stundenlang am Küchentisch sitzen, kleine Leckereien verzehren, manchmal ein Glas Rotwein dazu, auf jeden Fall immer anregende und inspirierende Gespräche dabei. Jetzt dagegen hoffen wir, dass die Essenszeiten sich nicht unnötig in die Länge ziehen, damit das Spektakel ein Ende hat. Bei all dem Gequake und den vielen Sonderwünschen haben wir selbst meistens zu schnell, manchmal zu viel, manchmal zu wenig gegessen. Ein gutes Gefühl stellt sich auf jeden Fall schon lange nicht mehr ein. Irgendwann sagte dann mal eine Freundin, dass sie überhaupt nicht mehr gemeinsam mit ihren Kindern essen würden. Sie setzen sich mit einer Tasse Tee zu ihnen an den Tisch, versorgen sie, reichen Möhrchen oder Wasser, servieren das Essen und plaudern mit ihnen über den Tag. Und wenn die Kinder im Bett sind, machen es sich die Erwachsenen gemütlich. Dann gibt es einen leckeren Snack, ein Glas Wein und ungestörten Austausch. Erst dachte ich: ›Das geht doch gar nicht, eine Familie muss doch gemeinsam essen! Das ist

doch wichtig für die Kinder!« Als ich dann aber zunehmend Magenschmerzen bekam und meine Ärztin mir auch nicht weiterhelfen konnte, habe ich es einfach mal ausprobiert. Und: Trara! Es geht uns allen viel besser damit!«

»Wir haben uns mal in einem Workshop mit unseren Überzeugungen zu einer guten Elternschaft beschäftigt. Dabei kamen spannende Fragen auf, zum Beispiel solche: Woher kommen unsere Ideen zum perfekten Familienleben eigentlich? Tun sie uns gut, oder machen sie uns das Leben schwer? Welche wollen wir beide behalten, und wovon wollen wir uns verabschieden? Das war sehr hilfreich für uns Erwachsene. Und für unsere Kinder begann danach so etwas wie das goldene Zeitalter, weil wir nicht mehr so viele Prinzipien geritten haben. Seitdem essen wir mal alle zusammen, und mal setzt sich nur einer von uns zum Essen mit den Kindern dazu. So wie es für uns Erwachsene gerade gut ist. Und auch mit dem Schlafen sehen wir es nicht mehr so verbissen. Manchmal legt sich einer von uns Eltern tagsüber mal hin, mal döst die ganze Familie zusammen auf dem Sofa. Wichtig ist doch, dass wir uns gegenseitig guttun.«

Fragen für dich
Welche kleine, vielleicht unkonventionelle Veränderung in deinem Familienalltag würde euch entlasten?

_____

Wann könntest du das einfach mal ausprobieren?

_____

Wie könntest du dich dazu ermutigen? Wer könnte dich dabei unterstützen?

Mehr Quantity Time

Bewusste Zeiten der exklusiven Zuwendung sind wie Feste: Sie heben uns aus dem Alltag und geben dem Leben Sinn. Quality Time ist der neudeutsche Begriff für dieses andere Zeiterleben. Selbst das Bundesministerium für Familie, Senioren, Frauen und Jugend beschäftigt sich seit 2009 damit und sieht es als Aufgabe der Familienpolitik, die Grundlagen für familiäre Qualitätszeiten sicherzustellen: »Als Qualitätszeit für Familien betrachten wir verlässliche und selbstbestimmte Zeitoptionen, die Familien bewusst für gemeinsame Aktivitäten nutzen. Dabei kann es sich sowohl um gemeinsame Ausflüge oder Spielnachmittage handeln als auch um Aktivitäten, wie etwa gemeinsames Kochen und Essen, solange sie bewusst als Familienzeit wahrgenommen werden. Reine Haushaltstätigkeiten oder Hobbys, bei denen andere Familienmitglieder auch anwesend sind, zählen hingegen nicht dazu. Für uns bemisst sich Zeitwohlstand in bewusster Interaktion, Fürsorge und Zuwendung mit dem Ergebnis von Wohlbefinden.«[11]

Diese Quality Time allein reicht aber nicht. Kinder brauchen auch unverplante Zeiten, in denen sie träumen und kuscheln können, einem Gedanken nachhängen, eine Frage stellen, einen Kummer mitteilen, einen Witz erzählen und wieder einer Frage zu Gott und der Welt nachgehen, sie stellen und beantwortet bekommen, genau dann, wenn sie auftaucht. Kinder brauchen also auf jeden Fall zusätzlich zur Quality Time gemeinsame Zeiten, die unverplant sind. Kinder brauchen »Quantity Time«. – So wie Erwachsene auch.

Unverplante Zeiten für Mütter? Unvorstellbar! Und doch ist es genau das, was die Erholung bringt: Im eigenen Takt gehen, einem Gedanken nachhängen, sich darüber austauschen, träumen, den eigenen Körper liebevoll pflegen, albern sein, lachen, den Frühling spüren, neugierig sein, etwas ausprobieren, Fehler machen, tanzen, unvernünftig sein. Schlicht: das genaue Gegenteil vom notwendigen Funktionieren.

Wie soll das gehen?

Auf den ersten Blick spricht alles dagegen: Wirtschaft und Politik brauchen vollzeitarbeitende Frauen dringender denn je. Gut qualifizierte Frauen sollen ihr Potenzial dem Arbeitsmarkt nicht vorenthalten. Und auch die Frauen selbst wissen, dass sie materiell für sich sorgen müssen. Man kann sich schlicht nicht mehr auf die lebenslange Versorgung durch den Partner verlassen. Die Statistik zeigt, dass das Scheidungsrisiko nach fünf bis sechs Ehejahren in die Höhe schnellt.[12] Das bedeutet: Frauen sorgen auch in ihrem eigenen Interesse immer häufiger dafür, dass sie finanziell auf eigenen Beinen stehen und den Anschluss im Beruf nicht verlieren.

Letztlich ist also sowohl von der Wirtschaft als auch von der Gesellschaft heutzutage gewollt, dass beide Eltern einer Lohnarbeit nachgehen. Nur leider bietet unser Staat nicht die Unterstützung, die Familien über einen gesicherten und guten Kitaplatz und eine qualifizierte Schulbetreuung hinaus brauchen. Nicht einmal der zeitliche Rahmen ist gegeben, der auch die Fahrzeiten der Eltern und den schnellen Einkauf auf dem Rückweg berücksichtigt. Für Mütter bedeuten Kinder und Karriere auch heute noch: Arbeit plus Arbeit bis zum Umfallen. Da stellt sich für manche Frau schon mal die Frage, ob das mit dem Kinderkriegen eine gute Entscheidung ist.

Nun ist es aber auch schön, mit Kindern zu leben. Ihre Fragen an die Welt, ihre Ideen, ihr Lachen ändern auch unseren Blick, lassen uns reifen und halten uns jung. Was folgt daraus? Kinder für uns: Ja.

Kinder für den Staat: Nein. Das heißt: Geld verdienen für uns und unser Auskommen durchaus. Jede Familie braucht einen Mindestsatz an Geld. Das ist klar. Die Frage ist nur, wie viel wir brauchen, um ein gutes Leben führen zu können. Und das setzt voraus, dass wir wissen, was ein gutes Leben für uns ist. Reichtum an Zeit gehört für die meisten Menschen mit dazu. Hier lohnt es sich, einmal gemeinsam zu schauen, was wir wirklich brauchen und wie viel Konsum für dieses gute Leben nötig ist. Und auf was sich zugunsten einer entspannten Lebenszeit vielleicht auch verzichten lässt.

Plötzlich Quantity Time – eine Geschichte aus meiner Gruppe

»Wir wollten unserem Kind die bestmögliche Förderung angedeihen lassen. Nicht nur Kinderturnen und Judo, sondern auch musikalische Früherziehung mit dem ersten eigenen Instrument, interessante Reisen in fremde Länder und die ersten englischen Grundbegriffe in einer kleinen Lerngruppe. Es sollte es einmal gut haben und im Leben zurechtkommen können. Entsprechend hatten wir einen rappelvollen Stundenplan, denn auch wir mussten ja das Geld für alle diese Extras ranschaffen. Lust hatten wir alle drei nicht dazu. Aber wir wollten gute Eltern sein und dachten, dass es so sein muss. Dann wurde ich krank. Die Bandscheibe. Zum Glück wirkte die Behandlung, die Schmerzen verschwanden. Doch ich konnte vier Wochen lang nicht zur Arbeit gehen. Und auch unser Kind konnte von uns nicht mehr zu den diversen Veranstaltungen gebracht werden. Wir mussten alles absagen. Tage ohne Termine, aber mit viel Zeit. Wir lebten ein wenig wie Tiger und Bär in den Tag hinein: alles etwas unordentlich, aber sehr gemütlich. Wir hingen viel auf dem Sofa und auf dem Balkon *ab, plauderten miteinander und lasen uns sogar gegenseitig vor. Eine ganz neue Welt entstand: Plötzlich hatten wir wieder Augen und Ohren füreinander. Es war schön. Ich wünsche niemandem so eine Krankheit. Aber ich denke darüber nach, in einem Jahr ein Sabbatical von drei Monaten zu machen. Denn ich habe gesehen, dass die Zeit zusammen wirklich wichtig ist im Leben. Wichtiger als ein teurer Urlaub.«*

Fragen für dich
Wenn du pro Tag eine Stunde mehr Zeit hättest und diese Stunde dem guten Leben widmen wolltest – was würdest du mit der Zeit anfangen?

_____

Worauf könntest du verzichten, um diese Stunde tatsächlich zu bekommen?

_____

Wer kann dich dabei unterstützen?

_____

Urlaub neu gedacht

Im Urlaub genießen wir vor allem die Befreiung von alltäglichen Verpflichtungen, wie pünktliches Aufstehen, Einkaufen, Essenkochen, Saubermachen, Wäschewaschen und alles andere, was für gewöhnlich zum üblichen Alltag dazugehört. Stattdessen nehmen wir uns Zeit für viele andere interessante Dinge, schauen uns um, genießen Natur und Kultur, Familie, andere Menschen, ihre

Geschichten und Lebensweisen. Dabei hilft es sehr, dass wir im Urlaub großzügig die Hilfe anderer Menschen annehmen: Wir buchen den Putzservice in der Ferienwohnung mit, wir gehen ins Restaurant und zwischendurch ins Café, und vielleicht lassen wir uns auch entspannt vom Fahrradtaxi durch die Stadt kutschieren. Zurück im Alltag sind wir rasch wieder in der alten Mühle.

Wie wäre es, die guten Erfahrungen aufzugreifen und statt zu verreisen, Hilfssysteme im Alltag in Anspruch zu nehmen? Könnte das nicht ein schönes Leben sein? Dabei geht es nicht darum, ab jetzt in Luxus zu schwelgen, alles zu delegieren und keinen Finger mehr zu rühren. Es geht vielmehr darum, dass wir uns auch für die Tätigkeiten und Begegnungen, die uns wirklich wichtig sind und die über unseren Alltag hinausgehen, gelassen Zeit nehmen können. Und dies gelingt im prallvollen Familienleben fast nur, wenn wir uns erlauben, Hilfe in Anspruch zu nehmen.

Wie wir uns jetzt erholen – Geschichten von Frauen aus meinen Gruppen

> »Wir waren sehr reiselustige Menschen, aber mit den kleinen Kindern im Gepäck stimmte es einfach nicht mehr. Selbst in den Ressort-Hotels mussten wir ständig aufpassen, dass sie im Speisesaal nicht herumgaloppierten oder in den Pool fielen. Da haben wir uns mal hingesetzt und durchgerechnet, was wir mit dem Geld stattdessen alles für unsere Erholung tun können: Eine regelmäßige Haushaltshilfe, gute Babysitter für gesicherte, echte freie Abende für uns als Paar, Salate und Vorspeisenteller von unserem Lieblingsitaliener zum Mitnehmen, Konzertkarten und Sportevents. Alles war drin. Und erlebnisreiche Zeiten mit den Kindern konnten wir mit kleinen Ausflügen in verlängerte Wochenenden packen.«

»Wir brauchen nach wie vor im Urlaub einen größeren Abstand zum Alltag. Weil wir gerne wandern, haben wir uns solche Kindertragen angeschafft. Klettersteige machen wir natürlich nicht mehr, trotzdem gibt es doch immer noch das eine oder andere Abenteuer. Das letzte Mal, als wir uns ordentlich verlaufen hatten und dann zur Nacht glücklicherweise noch eine kleine Berghütte fanden. Es war nicht gerade bequem, aber unsere Älteste möchte das unbedingt noch mal wiederholen.«

»Seit wir kleine Kinder haben, holen wir uns den Urlaub ins Haus, indem wir Verreisen spielen. Wir tun so, als wenn wir in einer anderen Stadt wären, machen Ausflüge, Stadtrundfahrten und Besichtigungen. Essen Fischbrötchen am Hafen und Pommes an der Bude. Abends gibt es ein großes Nachtlager im Wohnzimmer, und wenn es richtig regnet, ist Schlafanzugtag für alle. Stramme Zubettgehzeiten und andere Regeln fallen flach ... na ja, bis auf Glotze und Computerspiele, die werden nach wie vor eingeschränkt.«

»Alle müssen ihre Schularbeiten bis Freitagabend erledigt haben, und auch die Erwachsenen dürfen nicht mehr an ihre Rechner. Dann fühlen sich die zwei Tage Auszeit fast an wie eine ganze Woche Urlaub«

Fragen für dich
Was genießt du im Urlaub ganz besonders?

___

Wie könntest du davon etwas in deinen Alltag holen?

___

Wann könntest du dies zeitnah einmal umsetzen?

Beteiligung statt Erziehung

Kinder sind die besten Anwält:innen dieser Welt für ihre eigenen Interessen. In den meisten Fällen verlieren die Eltern und geben nach. Es sei denn, sie haben sehr gute Argumente oder halten den Frust des Kindes stoisch aus. Am besten wäre es, es kommt gar nicht erst zu einem nervenaufreibenden Verfahren.

Hier – wie im Gericht – ist Mediation der bessere Weg. Mediation beschreibt die außergerichtliche Streitbeilegung mit einem Maximum an Akzeptanz von beiden Seiten. Gewinnen sollte das Wir. Gar nicht so einfach. Doch schauen wir mal genauer hin: Im Kern geht es bei den Konflikten zwischen Eltern und Kindern doch immer um ein ganz ähnliches Thema. Die Eltern vertreten die weitsichtigen Forderungen in Bezug auf die Notwendigkeiten des Lebens in unserer Kultur, wie zum Beispiel etwas zu lernen, sich gesund zu ernähren und ausreichend zu bewegen, Respekt, Höflichkeit, Pünktlichkeit im sozialen Umfeld und natürlich immer wieder auch die Beteiligung an gemeinsamen Aufgaben. Doch mit diesen Forderungen treten sie in der Regel gegen die unmittelbare Lebenslust der Kinder und ihr Bedürfnis nach Zugehörigkeit zu ihresgleichen an. Alle Eltern kennen die Beschwerden in ähnlicher Form: »Die Nachbarskinder dürfen immer ...«, »Mein Freund in der Schule muss nie ...«, »Die darf viel mehr als ich«.

Zugegeben, diese Konflikte sind anstrengend. Doch wir können sie uns etwas leichter gestalten, indem wir uns eher an der Mediation als am harten Verfahren orientieren. Hier gilt die Frage: Wie können WIR als Familie GEMEINSAM dafür sorgen, dass es uns allen gut geht? Sowohl miteinander als auch jedem Einzelnen. Wie kommen Eltern in ihrer Fürsorgepflicht und ihrem Bedürfnis nach Erholung zu ihrem Recht – und wie können Kinder für ihren Entwicklungsdrang die notwendige Freiheit und Sicherheit erfahren?

Und wie bei einer Mediation sollten diese Fragen nicht zwischen Tür und Angel behandelt werden, sondern zu festgelegten Zeiten, die für alle Beteiligten gut einzuhalten sind. Sogenannte Familienkonferenzen. Wenn es dabei lustvoll zugeht, umso besser. Meistens finden sich dann gute Lösungen leichter und schneller. Und es sollte dabei nicht nur um Konflikte und Forderungen gehen, sondern um alles, was das gemeinsame Leben betrifft. Sehr entspannend ist es, mit kleinen Erfolgen und dem, was gut läuft, zu beginnen. Das könnte ein schönes Anfangsritual zusätzlich zu einem leckeren Essen sein. Erst danach sollte es um mögliche Veränderungen gehen. Dabei ist es wichtig, nicht zu klagen, zu maulen, Forderungen zu stellen und Aufträge zu verteilen – dann macht nämlich keiner mehr mit –, sondern gut begründete Wünsche zu äußern. Das ist nicht immer einfach, besonders wenn man gerade sehr genervt ist, weil scheinbar nichts mehr klappt. Nach der Erfolgsrunde könnte es also eine Wunschrunde geben. Noch einmal, weil es so wichtig ist: Ein Wunsch ist keine Forderung, richtet sich also in der Regel zunächst mal nicht an eine bestimmte Person. So könnte sich das zum Beispiel anhören: »Wenn ich nach Hause komme, bin ich meistens ziemlich müde, und ich hasse es, dann im Flur über herumliegende Schuhe zu stolpern. Ich wünsche mir sehr eine freie Landebahn.« Die gemeinsame Lösung könnte dann sein, dass jede und jeder seine Schuhe gleich in das dafür vorgesehene Fach stellt. Vielleicht aber auch, dass erst mal überhaupt ein Fach beschafft wird. Die Lösung könnte aber auch in einem Schuhwart oder eine Garderobiere bestehen, der sich nicht nur um die Schuhe kümmert, sondern gleich auch noch um die Jacken und Mäntel. (Ist vermutlich etwas unrealistisch.) Es könnte sich aber auch herausstellen, dass nur Robert seine Schuhe immer herumliegen lässt. (Das war vermutlich auch schon vorher klar.) Für die Wunscherfüllung sind jetzt aber alle zuständig und müssen nun gemeinsam mit Robert eine Lösung finden, die er umsetzen kann und will. Das wird leichter dadurch, dass auch Robert sicherlich einen Wunsch hat, den er gern wenigstens im Ansatz erfüllt bekommen möchte.

> **Familienkonferenzen – Geschichten von Frauen aus meinen Gruppen**
>
> »Meine Eltern waren begeisterte Vertreter der ›Familienkonferenz‹ von Thomas Gordon. Als Kind fand ich die vielen Gespräche manchmal lästig, aber unterm Strich ging es in unserer Familie viel fröhlicher zu als bei meinen Freundinnen. Wir kannten unsere Aufgaben und hatten einfach nicht so viel Streit. Deshalb machen wir das mit unseren Kindern jetzt ganz ähnlich: Wir schauen gemeinsam, dass alle zu ihrem Recht kommen. Die Erwachsenen genauso wie die Kinder.«
>
> »Meinen Eltern war Toleranz, Höflichkeit und echter Respekt vor allen Menschen sehr wichtig. Das geht mir genauso. Meine Kinder dürfen wirklich viel Scheiß machen, aber sie müssen anderen gegenüber immer respektvoll und höflich sein. Irgendwie ist das auch gar nicht so schwierig. Wir sind ja selbst auch so. Und wenn sie mal über die Stränge schlagen, reicht meist ein deutlicher Blick und sie wissen, was angesagt ist.«
>
> »Uns ist es sehr wichtig, dass sich unsere Kinder am gemeinsamen Haushalt beteiligen. Wir wollen nicht die Lakaien für

unsere kleinen Prinzessinnen und Prinzen sein. Einmal im Monat verhandeln wir die Aufgaben. Es ist nicht viel Arbeit, aber sie muss gemacht werden. Wann ist nicht entscheidend.«

» Bei uns gibt es Wunschtage für jeden, also sowohl für die Erwachsenen als auch für die Kinder. Da darf man sich nicht nur das Essen wünschen, sondern auch, was gemeinsam unternommen werden soll. Alles im Rahmen natürlich.«

» Jetzt, da unsere Kinder größer sind und oft schon ihre eigenen Wege gehen, gibt es bei uns immer noch verbindende Rituale. Eins davon ist das große Pizza-Essen am Sonntagnachmittag. Da können und wollen immer alle mit dabei sein.«

» Wir haben so was wie einen Familienrat, um gemeinsam die nächsten Themen und Aufgaben zu besprechen. Mit Pizza zu einer guten Zeit sind alle pünktlich da und entspannter bei gelegentlichen Konflikten.«

Fragen für dich
Auf welche sogenannten Erziehungsaufgaben hast du so gar keine Lust?

Was würdest du mit deinem Kind lieber tun?

Wer kann dich dabei unterstützen, dass die Erziehungsaufgabe – so sie denn wichtig ist – dennoch übernommen wird?

Gemeinsam statt einsam – Mit den Nachbarn Dörfer in den Städten schaffen

Das afrikanische Sprichwort »Um ein Kind aufzuziehen, braucht es ein ganzes Dorf« zitieren wir gern, wenn wir über Kindererziehung sprechen. Gemeint ist, dass Kinder für ein gesundes Aufwachsen neben ihrer Kleinfamilie vielfältige weitere Ansprechpartner:innen und Anregungen ganz in ihrer Nähe brauchen. Das können professionelle Pädagog:innen sein, aber auch einfach die Nachbarinnen und Nachbarn mit ihrer eigenen Art zu leben. So eine Dorfidylle, wo jeder respektvoll ein Auge auf den anderen hat, gibt es aber leider kaum. Weder in der Stadt noch auf dem Land. Und viele finden zunächst einmal die Vorstellung, dass die Nachbarin nicht nur eine Ansage macht, sondern die eigenen Kinder gleich miterzieht, sogar eher befremdlich.

Dennoch erinnern wir uns oftmals gern an solche Beziehungen in der eigenen Kindheit. Die Nachbarin, deren Küche immer offen stand und die jederzeit besucht werden konnte. Besonders, wenn sie Kuchen backte. So hatte man immer einen wohlwollend Zuhörenden, auch wenn die Eltern gerade keine Zeit hatten. Oder der Nachbar, der in seinem Gewächshaus zugange war und uns Kindern gern seine Pflanzen erklärte. In dieser grünen Oase fühlten wir uns wie in einer anderen Welt, als seien wir weit gereist in exotische Gefilde. Der Alltag bekam eine abenteuerliche Note. Dazu gehörte auch die Tante in der anderen Stadt, die man in der Pubertät anrufen konnte, um sein Herz auszuschütten und nach dem Gespräch wieder einigermaßen gesammelt mit den Eltern in Kontakt treten zu können.

Dass das Familienleben sich fast nur noch auf die Kernfamilie beschränkt, ist eine recht neue Entwicklung. Das isolierte Zusammenleben von Mutter, Vater und Kindern ergab sich durch die veränderten gesellschaftlichen Verhältnisse im Rahmen der industriellen Revolution und der damit verbundenen Verstädterung. Die Kleinfamilie in der uns gewohnten Form gibt es also erst seit gut 200 Jahren. Und sie entspricht unserem Wunsch nach Individualität und Unabhängigkeit. Menschheitsgeschichtlich bezieht sich diese Form des Zusammenlebens allerdings nur auf einen winzig kleinen Zeitraum. Für ein entspanntes Familienleben ist eine erweiterte Gemeinschaft allerdings ungemein hilfreich. Auch für all die vielen Singles in unserer Gesellschaft sind Wahlverwandte eine große Bereicherung. Es gilt also, raus aus der Kleinfamilienfestung zu kommen und mit den Nachbarn Dörfer in den Städten zu schaffen. Ein aufmerksames Miteinander mit Respekt vor der Würde jeder und jedes Einzelnen.

In dem Wissen darum gibt es bereits baupolitische Ansätze, die nachbarschaftliches Wohnen wieder stärker betonen. Einfach weil es erfüllend sein kann und alle Generationen in ganz eigener Weise bereichert und entlastet. Die Kinder finden Ansprechpartner:innen und oftmals auch Menschen, die ihnen Teile von der Welt zeigen, die es zu Hause vielleicht nicht gibt. Ältere finden Ansprache vor Ort, für die sie sonst weit gehen müssten. Und Eltern finden kleine und größere Entlastungen durch das »Dorf«. Umgesetzt werden solche Ideen zum modernen Leben zum Beispiel in

Genossenschaften, in gemeinschaftlichen Bauprojekten oder auch in manchen Stadtteilplanungen. Doch leider sind diese Projekte derzeit noch sehr vereinzelt. An vielen Ecken und Enden wird weiter im Stil der maximalen Individualisierung gebaut.

Ganz ehrlich: Wenn das so weitergeht, werden allerfrühestens unsere Kinder oder Enkelkinder in den Genuss eines gemeinschaftsfördernden Wohnungsbaus kommen. Deshalb ist die Frage: Was können wir jetzt für eine neue Verbundenheit tun, die uns letztlich mehr Freiheit schenkt? Und wie können wir Druck auf die Entscheidungsträger ausüben, damit spätestens unsere Nachfahren es in dieser Hinsicht einmal besser haben? Drei Ideen haben wir schon mal dazu:

Kleine, geschützte Plätze für unverbindliche Kontakte

Viele Projekte, die wir uns vornehmen, sind viel zu groß. Dann schaffen wir sie nicht und sind enttäuscht. So ist auch mit den nachbarschaftlichen Kontakten: Hingehen – an der Tür klingeln – warten – befürchten, dass man stört – dann der freundlichen Einladung folgen – immer noch befürchten, dass man stört, obwohl es doch sehr nett ist, aber nun so lange dauert … Wie viel leichter sind dagegen manchmal die Begegnungen im Supermarkt oder beim Bäcker. Da stehen wir gefühlt oft stundenlang und reden miteinander, während der Strom der anderen Kundinnen und Kunden um uns herumfließt. Beide Formen der Begegnung sind möglich, aber nicht unbedingt das Gelbe vom Ei.

Wir brauchen eine Lösung dazwischen – »in between« würde meine Mutter sagen. Schauen wir, was passiert, wenn wir im Vorbeigehen einer Nachbarin oder einem Nachbarn begegnen, die uns interessieren. Wir bleiben stehen. Und wenn uns dann ein geschützter Platz zur Verfügung steht, vielleicht eine kleine Überdachung, ein Laubengang oder eine Veranda, plaudern wir vielleicht ein wenig mehr, vielleicht so lange wie im Supermarkt. Und wie auch dort können wir uns jederzeit entspannt wieder lösen. Wir sind »in between« in Verbindung. Das ist leicht und doch sehr persönlich.

Was wir also brauchen, ist eine Welt zwischen Supermarkt und Wohnzimmer. Toll wäre, wenn diese beim Bauen schon mitgedacht werden würde. Doch das passiert leider nur sehr selten. Vor allem dann nicht, wenn sich diese »Begegnungsstätten« nicht kommerzialisieren lassen. Also liegt es an uns, solche Plätze für uns und andere zu schaffen. In manchen gewachsenen Stadtteilen gibt es diese durchaus, zum Beispiel in der Südstadt von Köln oder in Ottensen in Hamburg: Stühle vor der Tür oder unter Bäumen im breiten Mittelstreifen der Straßen. Oft hat jemand sie einfach dort hingestellt, um in Ruhe mit den Nachbarn plaudern zu können. Und wenn niemand dadurch behindert wird, rückt auch nicht gleich das Ordnungsamt an. Manche bepflanzen einfach gemeinsam die Baumscheiben mit bunten Blumen und Kräutern oder legen einen kleinen Gemüsegarten auf dem schmalen Grünstreifen vor der Haustür an. Erstaunlich, wie respektvoll die meisten anderen damit umgehen. Und wenn dann was sprießt und blüht, können sich alle daran erfreuen. Es geht darum, (scheinbar ganz einfach) den ersten Schritt zu machen und gut für sich und seine Nachbarn zu sorgen.

Kleine Begegnungsstätten – Geschichten von Frauen aus meinen Gruppen

»Wir haben eine Bank vor die Tür gestellt, zunächst einmal nur, damit sich unsere Kinder ihre dreckigen Schuhe vor der Tür ausziehen können. Nun sitzen dort auch oft unsere Nachbarn für einen Plausch, der zu klein ist, um reinzukommen, und zu groß, um die ganze Zeit zu stehen. Weil das angenehm ist und Spaß macht, haben sich jetzt immer mehr Nachbarn eine Bank angeschafft, und wir sitzen mal hier und mal dort. Es ist ein bisschen wie in einem freundlichen Dorf. Und es ist nett, auf so leichte Weise zusammenzukommen.«

»Wir treffen alle unsere Nachbarn immer an Silvester. Dann gibt es ein großes Straßenfeuerwerk, und wir ziehen mit Sekt und Gläsern von einem zum anderen und wünschen uns ein gutes neues Jahr. Erstaunlich, was wir dann immer von den anderen hören. Und wenn wir uns später im Jahr mal wieder auf der Straße sehen, gibt es oftmals gleich den Anschluss. Das ist nicht viel, aber wir wissen voneinander.«

»Wir machen immer wieder einen Straßenflohmarkt. Auf jeden Fall immer an den Wahltagen, weil da so viele Leute durch unsere Straße zu ihrem Wahllokal müssen. Dann besuchen wir uns immer gegenseitig, schauen und plaudern. Besonders lustig ist es, wenn Jahr für Jahr ein Teil der Sachen immer wieder zu finden ist. Seit einiger Zeit koche ich jetzt immer eine Suppe, die können sich unsere Nachbarn mit ihrem Schälchen bei uns abholen. Und die von gegenüber stellen seit einiger Zeit Kaffee für alle zur Verfügung. Irgendwie hat das was von einem Straßenfest.«

》 Wir laden immer alle zu unserem Osterfeuer ein. Wer da ist, kommt und bringt was zu futtern mit.《

》 Bei uns dürfen die Nachbarkinder am Rand unseres Grundstücks die Abkürzung zur Schule nehmen. Das verkürzt den langen Weg bestimmt um zehn Minuten. Nur Scheiß machen dürfen sie natürlich nicht. Aber auch das hat irgendwie was von einem Dorf.《

》 Das Komische ist, je mehr wir unsere Nachbarn kennen, desto netter werden sie. Jetzt informieren wir sie auch immer, wenn wir für längere Zeit weg sind. Auch wenn es gar nicht ums Blumengießen und Postrausnehmen geht, es ist einfach ein gutes Gefühl, wenn jemand ein Auge auf unsere Wohnung hat.《

Fragen für dich
Welche kleinen Plätze für unverbindliche Kontakte könntest du zur Verfügung stellen oder mit deinen Nachbar:innen organisieren?

_____

Wen würdest du gern mal näher kennenlernen?

_____

Welcher Anlass könnte eine gute Gelegenheit sein? Frühlingsumtrunk? Geburtstag? Kennenlernen?

_____

Hilfssysteme von nebenan

Tatsächlich gibt es in unserer Nachbarschaft nichts, was es nicht gibt. Irgendwer hat noch ein altes Aquarium oder einen Pavillon fürs Kinderfest, und eine andere ist froh, wenn die Gartentische und Bänke endlich mal aus ihrer Garage verschwinden. Gerade hat jemand einen Föhn zu verschenken, und eine andere will eine ganze Krimiserie an Büchern loswerden. Kleidung, die zu eng oder zu klein geworden ist, füllt die Schränke in jedem zweiten Haushalt. Neues zu kaufen ist also sinnlos, weil alles schon da ist. Man muss es nur wissen.

Hilfreich ist dafür das großartige Portal nebenan.de. Hier finden Nachbar:innen nicht nur alles, was sie an Gegenständen für den täglichen Bedarf brauchen, sondern auch jede Art von Dienstleistungen. Da gibt es gleich um die Ecke Tageseltern, Babysitter oder Wahl-Großeltern. Aber auch Angebote wie Kochen, Putzen, Kinderhüten, Tiere versorgen, Garten pflegen oder kleine Hausmeistertätigkeiten finden sich dort. Vieles wird verschenkt, manches kann sich im Tausch finden, und für einiges werden ein paar Euro gewünscht.

Nebenan gefunden – Geschichten von Frauen aus meinen Gruppen

>> Als wir unser erstes Kind bekamen, sind wir in eine größere Wohnung gezogen. Dort kannten wir niemanden. In den ersten Wochen, als mir die Decke auf den Kopf fiel, habe ich mich in meiner Verzweiflung bei nebenan.de angemeldet und gefragt, wer noch ein kleines Kind hat und sich mit mir treffen möchte. Da kamen gleich fünf Frauen zum Kaffeeklatsch. Früher kannte ich solche Treffen immer nur von alten Damen,

und ich fand es erst mal sehr sonderbar, selbst so was anzuleiern. Aber es war toll! Natürlich waren die Frauen nicht alt, sondern einfach nur in einer sehr ähnlichen Lebenssituation wie ich. Und wir hatten gleich viel Spaß miteinander! Mittlerweile sind wir nur noch drei: Eine arbeitet wieder Vollzeit, eine ist erneut schwanger, und ich bin auch schon wieder mit ein paar Stunden beruflich dabei. Bei allen Veränderungen: Geblieben ist unsere gegenseitige Unterstützung. Und weil wir eben nicht so weit entfernt voneinander wohnen, kann mal die eine, mal die andere die Kinder rasch nehmen, wenn Not an der Frau ist. Auch unseren Männern gefällt das. Die haben jetzt ihren regelmäßigen Spielplatzvormittag am Samstag und schauen auch zwischendrin mal nach den Kindern der anderen. Ich glaube, bei denen geht es ziemlich locker zu, so entspannt, wie die immer zurückkommen.«

»Wir haben über nebenan.de unsere Tageseltern gefunden. Obwohl unser Kind jetzt endlich einen Kitaplatz hat, sind wir sehr froh, hier noch einen Puffer zu haben.«

»Wir hatten großes Glück und gleich nebenan eine ältere Dame, die Freude an einem ›Enkelkind‹ in der Nähe hat. Unsere Kinder sagen jetzt tatsächlich auch Oma Trudi zu ihr. Ich wüsste gar nicht, was wir ohne unsere Wahl-Oma machen sollten. So oft wie die bei uns einspringt. Mittlerweile gehört sie richtig zur Familie. Ein großes Glück für alle Seiten.«

»Ich hasse es, einkaufen zu gehen. Nun hüte ich das Kind meiner Nachbarin, während sie für uns beide einkauft. Eine echte Win-win-Situation.«

? Fragen für dich

Welche Hilfssysteme würden euch euer Leben leichter machen?

_____

Welche Ressourcen könnt ihr selbst zur Verfügung stellen?

_____

Wer kann dich und euch dabei unterstützen?

_____

Sein statt Haben

»Hilf dir selbst, dann hilft dir Gott« hat ausgedient. Im Gegenteil, wenn wir jemanden um Hilfe bitten, macht uns das sympathisch. Und wir können sogar auf weitere Hilfe vertrauen, selbst wenn wir noch gar keine Gegenleistung erbracht haben. Benjamin Franklin, einer der Gründerväter der USA, hat diesen Effekt beschrieben. Erklärt wird es dadurch, dass wir einem Menschen kaum böse sein können, wenn wir ihm einen Gefallen getan haben. Durch unsere Handlung gehört diese Person nämlich für uns jetzt zu den Guten. Und gleichzeitig gut und böse bringt uns in einen Spannungszustand, den wir nur schlecht aushalten können.

Natürlich darf man seine Bitten nicht übertreiben, dann kann sich die Geschichte in ihr Gegenteil verkehren. Für das soziale Miteinander muss langfristig immer ein Ausgleich hergestellt werden. Auf welche Weise auch immer. Wer also einen freundlichen Kontakt zu seinen Nachbar:innen haben möchte, kann ganz einfach mal in Kleinigkeiten um Hilfe fragen. Zum Beispiel, weil man beim Einkauf Eier vergessen hat. Oder auf der Suche nach einem

Waffeleisen oder einer Bohrmaschine ist. Oder jemanden braucht, der auf das Babyfon hört, während man den Großen von der Kita abholt. Bei der Gelegenheit kann man auch gleich erzählen, was man selbst gerne abgibt. Ob es die Zucchini- oder Kirschberge aus dem Kleingarten sind oder das Kanu, das im Bootshaus liegt. Teilen macht Freude und Freunde.

Durch Kinder ist es eigentlich total einfach, diese Form von Nachbarschaftsverbindung aufzubauen. Denn sie sind grundsätzlich immer neugierig auf das Leben der anderen. Sie möchten die Katze in der Nachbarwohnung streicheln oder dem Geologen-Nachbarn die Steine zeigen, die sie am Strand gefunden haben. Schon stehen die Türen offen.

Und es ist auch eine Gelegenheit, um dem ständigen Konsum zu entkommen. Im besten Falle können wir so aus der Not eine Tugend machen. Weil Familien unbedingt Entlastung und Gemeinschaft brauchen, könnte ein neues Miteinander entstehen, von dem alle profitieren. Und vielleicht entsteht auf diese Weise sogar ein kleiner politischer Druck, weil Konsumverzicht und legales Vorenthalten von Lohn- und Mehrwertsteuern dem Prinzip unseres kapitalistischen Wirtschaftssystems zuwiderlaufen dürfte.

Tauschgesellschaften – Geschichten von Frauen aus meinen Gruppen

» Bei uns fing es ganz klein an. Weil unsere Mülltonne nie ganz voll ist, hatte ich unserem Nachbarn, der gerade arg stopfen musste, angeboten, seine Überlast bei uns mit reinzupacken. Er war sehr erleichtert. Die vielen Windeln ihrer Zwillinge nahmen bei ihnen einfach zu viel Raum ein, und sie wollten nicht noch einen weiteren Müllbehälter bestellen. Ich bot ihm unsere Tonne zur Entlastung an und sagte, dass er sie nutzen kann,

sobald sie von uns zur Abholung an die Straße gestellt worden ist. So kamen wir in ein nettes Gespräch. Und im nächsten Moment hatte ich eine starke Schlagbohrmaschine für die Befestigung von unserem Kinderhochbett an der Decke. Seitdem tauschen wir. Ansonsten haben wir gar nicht so viel miteinander zu tun, weil unsere Kinder nicht im gleichen Alter sind. Aber das Tauschen hat sich bewährt. Sobald einer von uns etwas braucht, fragen wir erst mal, bevor wir losgehen und etwas kaufen. Mittlerweile sind noch mehr Nachbarn in unseren ›Tauschring‹ mit eingestiegen. So sparen wir nicht nur viel Geld, sondern haben auch nette Kontakte und gar nicht so selten auch fachkundige Hilfskräfte dazugewonnen.«

»Als wir unser zweites Kind bekamen, sah es bei uns aus wie bei Hempels unterm Sofa. Ich schaffte es kaum, unsere Große und mich fertig zu machen, geschweige denn noch irgendwie aufzuräumen. Eines Tages stand eine Nachbarin mit ihrem Kind vor der Tür, um zu gratulieren und ein kleines Geschenk zu überreichen. Ich konnte sie da nicht so einfach stehen lassen, und deshalb bat ich sie reinzukommen, obwohl es mir entsetzlich peinlich war. Und dann die Überraschung: Sie lachte schallend und sagte mir, wie froh sie sei, dass es bei uns auch nicht besser aussehe als bei ihnen. So ist das eben, wenn man kleine Kinder hat. Wir haben dann noch lange zusammen gesessen und Tee getrunken, während unsere Kinder miteinander spielten und ich unser Kleines stillte. Seitdem sind wir beste Freundinnen.«

»Bei uns in der Siedlung ist alles picobello, und am Anfang stresste es mich sehr, dass wir es einfach nicht schafften, den Anschluss herzustellen. Weder ist unser Vorgarten frisch gepflegt, noch haben wir den neusten Wagen vor der Tür. Dann aber haben wir ein Nachbarschaftsfest organisiert, und seitdem spielt das alles überhaupt keine Rolle mehr. Wir gehören dazu – genauso, wie wir sind.«

Fragen für dich
Auf wen in der Nachbarschaft bist du neugierig?

_____

Was würdest du gern mit ihnen erleben?

_____

Wie könntest du mit ihnen in Kontakt treten?

_____

Change Management – Work-Life-Balancing neu gedacht

In meinen Gruppen gibt es immer wieder Frauen, die erzählen, dass die größte Entlastung für sie wäre, wenn sie ihre Arbeitszeit flexibler gestalten könnten. Manche würden gern morgens schon um sechs Uhr einiges im Homeoffice erledigen, bevor sie in die Firma pendeln. Andere möchten einen Tag frei und dafür an den anderen Tagen mehr Stunden arbeiten. Manche wünschen sich, dass der Arbeitstag kurz ist und sie sich lieber abends noch mal an den Computer setzen. Häufig erhalten die Frauen auf solche Bitten beim Chef oder bei der Chefin als erste Antwort: »Das geht bei uns nicht.« Das erlauben die Produktionsprozesse oder die Kundengewohnheiten nicht. Diese Sätze hören berufstätige Frauen genauso wie Männer.

Interessant ist jedoch, dass die Frauen, wenn sie nach meinem Seminar innerlich gestärkt dieselbe Frage noch einmal formulieren – und dabei unmissverständlich klarmachen, dass diese Veränderung für sie nicht verhandelbar ist –, dann doch ein Entgegenkommen erfahren. Denn sobald Vorgesetzte merken, dass die Gefahr besteht, die Mitarbeitenden zu verlieren, können gar nicht wenige Chefs und Chefinnen auf einmal umdenken. Eigentlich kann man sich darüber freuen, und dennoch ist es auch beklagenswert. Denn die Beschäftigten müssen so unglaublich viel Kraft aufbringen, um die Vereinbarkeit von Familie und Beruf zu sichern.

Sonderbar, dass es hier oft noch so wenig Entgegenkommen gibt. Für die Firmen ist es nämlich ein großer Wettbewerbsvorteil, wenn sie die meist gut qualifizierten Frauen halten. Die Einstellung und Einarbeitung von neuen Beschäftigten kostet nach den letzten Studien zwischen 50 Prozent und 150 Prozent des Gehalts der ersten zwölf Monate, je nach Firma. Im Schnitt also ein Jahresgehalt. Dagegen nimmt sich der Wunsch nach Flexibilität im Job doch sehr günstig aus. Zudem zeigen viele Studien, dass Menschen sehr viel leistungsfähiger sind und besser ihren Job machen können, wenn sie möglichst weitgehend selbst entscheiden können, wie sie sich die Arbeit einteilen.

Wenn man also eins und eins zusammenzählt, dann bleibt eigentlich als Grund für diese wenig zeitgemäßen Strukturen nur die Verhaftung im Gestrigen. Die Strukturen der Arbeitswelt sind »männlich« gewachsen. Sie orientieren sich an den Bedürfnissen von Männern, die stets jemanden zu Hause hatten, die sich um alles andere kümmerte. Diese Männer bringen auch um siebzehn Uhr am Nachmittag locker ein Meeting unter. Das ist nicht mehr so. Weder für Frauen noch für Männer. Das Leben ist für alle komplexer geworden. Es ist deshalb einfach nicht mehr zeitgemäß, Mitarbeitenden so viele Vorschriften zu machen, wie, wann und wo sie arbeiten. Das gilt nicht nur für Menschen im Büro. Auch in der Pflegebranche leiden die Beschäftigten darunter, wenn der Schichtplan ihre eigenen Bedürfnisse nur sehr wenig berücksichtigt.

Derzeit müssen wir uns – leider – in den allermeisten Fällen selbst darum kümmern, dass sich unser Arbeitsplatz so verändert, dass er gut in unser Leben als Familienmensch passt. Das ist nicht immer leicht, aber jeder kleine Schritt lohnt sich. Persönliche Mitbestimmung ist das Zauberwort. Und die vielfältigen Leben von Frauen können hier die treibende Kraft sein. Auch Männer profitieren davon.

Wichtige Eckpunkte für eine Arbeitswelt, die Familie mitdenkt, sind deshalb nicht nur eine gute Betriebskita oder Teilzeitmöglichkeiten, sondern es geht vor allem auch um Vertrauen in den Arbeitswillen und die Kompetenz der Mitarbeitenden.

Das und noch viel mehr wünschen sich die Frauen für ein entspanntes Berufsleben:

- Freie Zeiteinteilung und selbstbestimmter Wechsel zwischen Homeoffice und Büro – soweit betrieblich möglich
- Anpassung der Meetings an die Bedürfnisse der Mitarbeitenden
- Wahl zwischen Freizeit und dreizehntem Monatsgehalt
- Möglichkeit, unbezahlten Urlaub nehmen zu können, wenn es notwendig ist

Unser Arbeitsmarkt braucht dringend die Ressourcen von gut qualifizierten und erfahrenen Frauen. Die Chancen stehen also gut, nicht nur als Einzelne, sondern als Gruppe von Müttern oder Eltern ein »Change Management« in Bewegung zu setzen, das die Freude am Arbeiten erhöht, die Kraft besser fließen lässt und nicht zuletzt den betrieblichen Erfolg in die Zukunft führt.

Hier kommen fünf Ideen, wie Firmen und Mitarbeitende gesund bleiben:

Quality Time statt Quantity Time

Man glaubt es kaum, aber eine der größten Belastungen am Arbeitsplatz sind Mails und Meetings. Häufig kommen sie zur Unzeit, wenn man gerade in einem wichtigen Projekt steckt, und unterbrechen den Arbeitsfluss. Vor allem aber sind gerade Meetings unglaubliche Zeitfresser, die effizient arbeitende Menschen an den Rand des Wahnsinns treiben. Und wenn Mütter eins gelernt haben, dann ist es, effizient zu sein. Anders geht der Alltag zwischen Haushalt, Kindern und Beruf auch gar nicht. Mit jeder weiteren Runde »Es ist zwar schon alles gesagt, aber nicht von mir« könnten sie einmal mehr in die Tischkante beißen. Und wenn es dann doch einmal darauf ankommt, gemeinsam voranzukommen, liegen die Termine oftmals so spät, dass die Kita kurz davor ist, das Kind vor die Tür zu setzen. Es gilt also, sich zusammenzusetzen und eine neue Meetingkultur zu entwickeln, die sich an den Bedürfnissen von Müttern und sorgenden Vätern orientiert. Und zwar in der Weise, dass auch alle anderen Kolleginnen und Kollegen und der ganze Betrieb einen deutlichen Gewinn davon haben.

Es geht um Quality Time, die sich nicht nur in der Art der Zusammenarbeit ausdrückt, sondern auch in einer ungehinderten Gestaltungslust. Wann und wo und wie lange auch immer. Gerade Mütter, für die die Erwerbsarbeit neben einem eigenen Einkommen auch die Möglichkeit zur Entfaltung ihres Potenzials sein kann, können Triebfedern für eine längst fällige Veränderung sein.

Folgende Punkte zum fachbezogenen Austausch könnten das Arbeitsleben sowohl entspannter als auch interessanter sein lassen:

- Knappe Besprechungszeiten mit einem verbindlich definierten Ende
- Anschließend zeitlich eingeplante Kaffeepausen für projektbezogene Nachbesprechungen im kleinen Kreis
- Bei wichtigen und langen Themen eine externe Moderation zum Strukturieren einsetzen
- Tagesordnung grundsätzlich vorab

- Keine verpflichtende Teilnahme
- Geordnetes Protokoll per Beamer gleich während der Veranstaltung
- Protokollablage auf dem Server unmittelbar nach der Veranstaltung
- Ritualisierte Get-togethers für den schnellen Informationsaustausch, zum Beispiel Fünfzehn-Minuten-Treffen zu einem festgelegten Zeitpunkt an einem offenen Ort, wie der Cafeteria o. Ä.

Das Feuer lodern lassen können – Geschichten von Frauen aus meinen Gruppen

»Ich habe eigentlich immer Lust, zu arbeiten und etwas zu bewegen. Aber in den letzten Firmen ließ man mich einfach nicht. Und dann endlich! Nach einem erneuten Wechsel war ich angekommen. Man traute mir etwas zu und ließ mich machen. Manchmal genieße ich tagelang die Ruhe im Homeoffice (Corona sei Dank). Oft aber habe ich auch Lust auf meine Kolleginnen und Kollegen und die Inspirationen durch den direkten Kontakt. Kontrolliert werde ich nicht. Nur die gemeinsam verabredeten Projekte muss ich schaffen. Und wenn ich da mal Hilfe brauche, kann ich mich an meine Vorgesetzten wenden. Endlich kann mein Feuer wieder lodern! Und das Verrückte ist: Obwohl ich zeitlich oftmals mehr arbeite als in den alten Firmen, fühle ich mich gesünder und habe abends mehr Energie für was anderes Schönes!«

»Ich habe Glück gehabt: Manchmal bin ich mit meiner Arbeit schneller fertig als geplant, dann kann ich nach Hause gehen. Manchmal muss ich etwas länger machen, damit wir die Abgabefristen einhalten können. Irgendwie gleicht sich das schon aus. Trotzdem führe ich eine kleine Liste. Nicht nur für mich, sondern auch für meine Firma. Wir müssen doch eine Übersicht haben, was anfällt und ob nicht noch jemand eingestellt werden müsste.«

»Ich kam immer wegen der Schulferien unserer Kinder unter Druck. Die sind ja viel länger als unser Jahresurlaub. Weil wir unseren Kindern aber unbedingt auch unverplante Schlafanzugzeiten gönnen wollten, haben mein Mann und ich in den ersten Jahren immer im Wechsel Urlaub genommen. Damit fehlten uns aber die gemeinsamen Familienzeiten. Mit Unterstützung des Betriebsrates fanden wir dann einen richtig guten Deal: Wir tauschten unser dreizehntes Monatsgehalt einfach gegen weitere freie Tage. Damit fallen die Weihnachtsgeschenke natürlich nicht mehr so üppig aus. Aber den Kindern ist das egal. Und uns auch.«

Fragen für dich

Wenn du könntest, wie du wolltest: Wie würdest du am liebsten arbeiten?

___

Was wäre dein dringendstes Anliegen an familienfreundliche Arbeit?

___

Wer kann dich dabei unterstützen, deinem Wunsch einen Schritt näher zu kommen?

___

Großer Hebel für die Work-Life-Balance: Flexible Arbeitszeiten

Familienleben ist unberechenbar: Mal fordert ein Kind besonders viel Fürsorge, wenn es klein ist. Und mal benötigen Kinder ihre Eltern besonders in der Pubertät. Wann wir den eigenen Eltern mehr Unterstützung zukommen lassen möchten oder selbst das Gefühl haben, für uns ganz persönlich mehr Auszeiten zu benötigen – das können wir nicht im Voraus berechnen. Und genau deshalb sind diejenigen Firmen familienfreundlich und zukunftsfähig, die es möglich machen, dass man sein Stundenkontingent je nach Lebenslage anpasst und verändert. Bisher ist das zum Beispiel städtischen Angestellten und Beamten möglich. In der freien Wirtschaft findet man allerdings auch immer mehr Arbeitgeber:innen, die diese Art von Flexibilität ermöglichen.

Hier lohnt es sich, mit anderen Müttern ins Gespräch zu kommen, Informationen differenziert zu sammeln und sie als Alternativen und Erweiterungen im eigenen Betrieb zunächst einmal den Kolleg:innen vorzulegen. Wenn die eine oder andere Idee gut ankommt, geht es gemeinsam weiter. An welche Entscheider müssen wir uns wenden? Wie ist der korrekte Weg dorthin? Was sagen die Gewerkschaften und das Betriebsverfassungsgesetz dazu? Wo gibt es Präzedenzfälle? Wer will welche Aufgabe übernehmen? Das kann eine Weile dauern und ist manchmal für die eine oder andere Mutter schon deshalb nicht umsetzbar, weil die Lösungen rascher erfolgen müssen. Dann lohnt es sich auch, einen Solo-Vorstoß zu machen und dabei auch auf die Bedeutung zu vertrauen, die die eigene Arbeit für die Firma hat.

Veränderungen im Betrieb anstoßen? Vielleicht einfach nur für mich persönlich? Arbeitszeiten flexibel gestalten können, so wie es gerade gut in das eigene Leben passt? Klingt das nicht völlig überzogen?! Welcher Betrieb kann dann noch wirtschaften? Aber wenn man bedenkt, dass derzeit psychische Probleme – die häufig durch dauerhafte Überlastung ausgelöst werden – der Grund Nummer eins für Frühberentungen sind und viele Krankheitstage mit sich bringen, dann liegt doch auf der Hand, dass sich hier etwas verändern muss. Die eigene Gesundheit und Leistungsfähigkeit zu schützen, ist letztendlich im Interesse aller.

Arbeitsstunden flexibel verhandeln – Geschichten von Frauen aus meinen Gruppen

»Als meine Mutter einen Schlaganfall hatte, war ich von einem Tag auf den anderen gefordert: Nicht nur Krankenhaus und Pflegeheim standen jetzt an, sondern auch eine liebevolle Begleitung in der für sie so schwierigen Lebensphase. Dazu unsere Kinder: Der Große gerade heftig in der Pubertät und die Kleine mit ihrer Lese-Rechtschreib-Schwäche. Üben, üben, üben sei das A und O, sagte die Lehrerin. Ich bat also in unserer Firma um eine deutliche Stundenreduzierung und hatte Glück mit meiner Chefin, die sich gerade in einer ähnlichen Lebenssituation befand. Acht Stunden hatte ich nun mehr in der Woche zur Verfügung, um all den Anforderungen gerecht werden zu können und nicht auf dem Zahnfleisch zu kriechen. Später konnte auch mein Mann ein wenig reduzieren, und ich konnte wieder etwas aufstocken.«

»Das ewige Gezerre und Geschrei um die Schularbeiten haben mich veranlasst, die Stunden in der Firma aufzustocken und mit dem Geld eine qualifizierte Schularbeitenhilfe zu finanzieren. Seitdem ist der Familienfrieden wiederhergestellt.«

? *Fragen für dich*

Wenn Geld keine Rolle spielt: Wie viele Wochenstunden würdest du am liebsten mit deiner Erwerbsarbeit verbringen?

_____

In welcher Weise würdest du dich gerne von deiner Care-Arbeit entlasten wollen?

_____

Wer kann dich dabei unterstützen?

_____

Gelassener im Job-Alltag: Trau dich, Fragen zu stellen!

Häufig ist es gar nicht die Arbeit an sich, die stresst. Es ist vielmehr die Arbeitsstruktur – allen voran unnötig lange Meetings, Hunderte von E-Mails am Tag, ausfernde Dokumentationspflicht. Das raubt gerade berufstätigen Müttern, die zeitlich immer knapp sind, den letzten Nerv. Man rödelt und rödelt – und hat trotzdem inhaltlich nicht viel geschafft. Das Verhältnis von effizienter Arbeit und Bürokratie ist einfach nicht im Gleichgewicht. Viele Frauen denken, dass sie das eben aushalten müssen. Dass das eben dazugehört. Doch nicht nur für sie selbst, sondern auch für die Firma kann es von großem Nutzen sein, eingefahrene Abläufe infrage zu stellen. Also: Trau dich, Fragen zu stellen!

Mehr Effizienz – Geschichten von Frauen aus meinen Gruppen

» Bevor ich Kinder hatte, war es mir ziemlich egal, womit ich meine Zeit im Job verbringe. Solange genug interessante Tätigkeiten übrig blieben, konnte ich auch den Laberkram ganz gut aushalten. Jetzt aber bin ich gezwungen, meine Zeit sehr effizient einzuteilen, um Familien- und Erwerbsarbeit unter einen Hut zu bekommen. Ganz besonders, wenn es einem unserer Kinder nicht gut geht, machen mich die vielen Mails, die ich gelesen haben soll, obwohl sie mich kaum was angehen, ganz kirre. Ich habe dann tatsächlich mal bei einer Teambesprechung diese Regelung infrage gestellt. Und siehe da: Die CCs kann ich künftig einfach in den entsprechenden Ordnern ablegen, damit ich im Bedarfsfall Zugriff darauf habe.«

» So ähnlich hat es auch bei mir geklappt: Ich muss jetzt nur noch dann an den Meetings teilnehmen, wenn sie mich ganz direkt etwas angehen. Was für eine Entlastung! Und nach einigem Zögern musste auch mein Chef zugeben, dass sogar die Firma richtig was davon hat, weil ich in der Zeit ordentlich was wegschaffe und keine Überstunden mehr aufbaue.«

» Oft ist es so, dass beim Bearbeiten einer Mail parallel gleich drei weitere hereingeflattert kommen. Da könnte ich manchmal schreien. Manchmal ist es gar nichts Wichtiges, einfach nur eine kleine Info. Aber das sehe ich ja nicht gleich. Deshalb hatte ich mit meiner Kollegin, die ebenfalls Mutter ist und effizient arbeiten muss, verabredet, kurze Infos bei den Mails einfach nur mit einem Stern gekennzeichnet ins Betreff zu legen. Dann brauchen wir die Mails nicht zu öffnen und wissen trotzdem Bescheid. Das ist enorm entlastend. Mittlerweile machen *das jetzt alle in unserer Abteilung. Wir haben das einfach so angefangen, ohne große Versammlungen und so. Und der Erfolg gibt uns recht. Manchmal lohnt es sich, gar nicht erst lange zu fragen, sondern mit einer guten Idee einfach loszulegen.«*

Fragen für dich
Was ist dein größter Zeitfresser im Job?

Wie kannst du diesen zumindest etwas reduzieren?

Was wäre ein erster, konkreter Schritt in die richtige Richtung?

Wiedereinstieg aktiv gestalten: Fordere Unterstützung!

Viele Frauen entwickeln in der Elternzeit Selbstzweifel: Werde ich den Anschluss im Job wieder schaffen? Bin ich eigentlich ein vollwertiges Teammitglied, wenn ich in Teilzeit arbeite? Die Folge ist oft, dass wir als weibliche Beschäftigte vor den Kindern selbstbewusste Arbeitnehmerinnen waren – aber nach der Elternzeit nicht wieder an dieses Selbstbewusstsein anknüpfen können. So meinen viele Mütter, keine Ansprüche stellen zu dürfen, zum Beispiel auf Einweisung und Unterstützung. Doch genau die sind notwendig, nicht nur für die Frauen selbst, sondern auch für die Arbeitgeber:innen. Denn wer sein Potenzial – auch für die Firma – entfalten möchte, muss auf den neuesten Stand gebracht werden! Dazu gehören fachbezogene Schulungen, vor allem aber Mentorinnen und Mentoren, die die Wiedereinsteiger:innen in den ersten Wochen begleiten. Selbstverständlich müssen die Kolleg:innen dafür Arbeitszeit zur Verfügung gestellt bekommen, damit die Neuen nicht zur Last werden. Je gelassener und besser die Einweisung, desto eher eine echte Bereicherung für alle.

Ein- und Ausstieg – eine Geschichte aus meiner Gruppe

»Ich hatte eine ganz tolle Mentorin. Zuerst hat sie mir alles gezeigt und den neuen Betriebsablauf erklärt. Dann hat sie mir eine passgenaue SAP-Schulung organisiert und mich in meinen Arbeitsbereich eingewiesen. Danach stand sie mir noch lange Zeit für kleine und große Fragen zur Verfügung. Jetzt bin ich richtig sattelfest. Und das ist ein Glück, denn nun ist sie schwanger.«

Fragen für dich

Was würdest du gern noch lernen wollen?

_____

Welche beruflichen Tätigkeiten reizen dich, wohin würdest du dich gerne entwickeln wollen?

_____

Wie könntest du nähere Informationen zu deinen Interessen bekommen? Im Internet? Bekannte fragen? Dich beraten lassen?

_____

Eine Arbeitswelt, die alle mitnimmt: Aufträge für die Gesetzgeber

Ständig wird über Fachkräftemangel gesprochen. Dabei sitzen die Fachkräfte vor unserer Nase: All die gut ausgebildeten Frauen, die häufig auch gern berufstätig wären – aber eben nicht zu Konditionen, die ein gutes Familienleben unmöglich machen oder viel zu schlecht bezahlt sind. Die Firmen bewegen sich, aber zu langsam. Deshalb wären hier auch die Gesetzgeber gefragt, um die Dinge zu beschleunigen. Denkbar wäre ein Lohnausgleich zu Vollzeitstellen für Menschen, die zugunsten von Care-Arbeit zu Hause die Lohnarbeitszeit reduzieren. Zum Beispiel als Mutter, als Vater oder als Person, die Familienangehörige pflegt oder sich einer größeren Weiterbildung widmet.

Eine weitere Forderung ist natürlich nach wie vor die Sicherstellung einer guten Kinderbetreuung über die Rahmenzeiten zwischen sechs und achtzehn Uhr hinaus. Gute Kinderbetreuung bedeutet für die Eltern allerdings nicht nur flexible Zeiten für ihre Berufstätigkeit, sondern auch die aufmerksame Ansprache und Förderung ihres Kindes in kleinen Gruppen mit ausreichend Personal. Die Gewissheit, dass es ihren Kindern gut geht, ist eine wichtige Voraussetzung dafür, dass Eltern entspannt arbeiten können.

Natürlich ist es so, dass die Politik sich nicht bewegt, wenn es keinen Druck oder keine klaren Forderungen und nachdrücklichen Aufträge von den Bürgerinnen und Bürgern gibt. Da ist es gut, selbst aktiv zu werden. Eine Möglichkeit ist, Solidarpartner:innen zu finden, um die brennenden Themen öffentlich zu machen und Veränderungen einzuleiten. Wer dagegen nicht so viel Zeit hat, kann Organisationen, Personen oder auch firmeninterne Netzwerke unterstützen, die die eigenen Interessen gut vertreten.

Frauenräte – Geschichten von Frauen aus meinen Gruppen

»Als mich Kolleginnen fragten, ob ich nicht Lust hätte, in der firmeneigenen Frauengruppe mitzuwirken, konnte ich mir das überhaupt nicht vorstellen. Noch mehr Termine in meinem dichtgepackten Alltag. No-Go! Dann war ich aber doch neugierig und wollte wissen, was da so los ist. Nun gehört unser Frauenrat zu meinen wöchentlichen Highlights. Und wir haben auch schon richtig was erreicht: Bis 2025 sollen mindestens 25 Prozent unserer Frauen in einer Führungsposition sein. Das hat sich unsere Firma jetzt auf die Fahnen geschrieben und im Netz öffentlich dazu verpflichtet. Nun müssen wir uns nur noch trauen.«

»Bei uns ging es um die Kinderbetreuung. Wir haben eine satte Bezuschussung zu unserer süßen kleinen Firmen-Kita von der Stadt erwirken können. Damit haben wir dann noch einen kuscheligen Schlafbereich eingerichtet. Das Dumme ist nur, dass die Kinder jetzt auch über Nacht dort bleiben wollen. Der nächste Antrag ist also klar ...«

Fragen für dich

Welche Themen sind dir besonders wichtig?

_____

Welche Organisation, Person, Partei oder auch firmeninterne Gruppe engagiert sich dafür bereits?

_____

Wie könntest du diese unterstützen?

_____

Nicht aufgeben! – Gesellschaftspolitische Forderungen

Familien sichern unser Gesellschafts- und Sozialsystem. Das heißt, die Gesellschaft würde ohne die Fürsorge in Familie und Partnerschaften nicht funktionieren. In Familien werden Kinder großgezogen, Kranke gepflegt und Ältere versorgt. So können Menschen zur Arbeit gehen und die Wirtschaft am Laufen halten.

Die Geschichte einer meiner Teilnehmerinnen ist kein Einzelfall: »Als Mutter von drei Kindern habe ich rechtschaffene Bürgerinnen und Bürger großgezogen und dem Arbeitsmarkt und den Rentenkassen zur Verfügung gestellt. Dafür habe ich auf vieles verzichtet. Dennoch ist meine persönliche Rente durch meine reduzierte Berufstätigkeit so niedrig, dass ich mit ziemlicher Sicherheit Sozialhilfe beziehungsweise Bürgergeld beantragen muss, wenn es so weit ist. Das ist demütigend. Auch weil meine Lebensleistung als Mutter in keiner Weise gewürdigt und finanziell angemessen berücksichtigt wird.«

In ursprünglichen Gesellschaften war der Lohn für diese Arbeit die ehrenvolle Sicherung im Alter. In unserer komplexen Gesellschaft gibt es stattdessen einen Generationenvertrag: Arbeitnehmerinnen und Arbeitnehmer zahlen von ihrem Lohn monatlich in die Rentenkasse ein. Mit diesem Geld werden die derzeitigen

Rentenempfänger:innen finanziert, und gleichzeitig erwerben die Einzahlenden damit ihren eigenen Rentenanspruch. Je mehr in jungen Jahren eingezahlt wird, desto höher fällt die zu erwartende Rente aus. Das scheint zunächst einmal klug gedacht. Nicht berücksichtigt werden in diesem Konzept allerdings alle diejenigen, deren gesellschaftlicher Beitrag nicht in der direkten finanziellen Natur liegt. Also diejenigen, die durch ihre Sorgearbeit die Grundlage dafür schaffen, dass unsere Gesellschaft überhaupt funktionieren kann.

Auch hier liegt der Fehler wieder einmal im alten patriarchalen System. Das Patriarchat erzählt – ungeachtet jeglicher Realität! – die Geschichte von Sicherheit gebenden, fürsorgenden Männern und dienenden, Fürsorge empfangenden Frauen. Darauf fußen unsere Gesetze zum Großteil auch heute noch. Mittlerweile gibt es durchaus einige Verbesserungen, doch sie werden in keiner Weise unserer gesellschaftlichen Realität gerecht: Fürsorgearbeiten – auch im Privaten – sind geldwerte Leistungen! Dass diese Leistung derzeit immer noch stets den Frauen und inzwischen auch immer mehr Männern unserer Gesellschaft kostenfrei abverlangt wird, ist eine unglaubliche Unverschämtheit! Eine entsprechende Entlastung und Entlohnung der Menschen in der Sorgearbeit ist deshalb dringend geboten.

Finanzielle Absicherungen für Menschen in der Care-Arbeit

Fairness in der Gesellschaft ist einer der größten Gesundheitsfaktoren, zeigen Studien. Die Sorge vor Armut im Alter, Arbeitslosigkeit oder Verlust von Teilhabe an gesellschaftlichen und kulturellen Angeboten ist ein großer Stressfaktor für Menschen. Und

Personen, die Care-Arbeit rund um die Familie übernehmen, sind diesem Stress besonders stark ausgeliefert. Denn durch die mangelnde Wertschätzung für ihre Arbeit und die faktischen finanziellen Nachteile sind Mütter und andere Sorgende fast automatisch gesellschaftlich benachteiligt. Insofern ist die Forderung an die Gesellschaft klar. Und Frauen in meinen Kursen formulieren immer wieder ganz unterschiedliche Ideen, wie dies möglich wäre. Vier Themenbereiche als Anregung folgen hier:

Finanzieller Ausgleich für Care-Arbeit – Ideen von Frauen aus meinen Gruppen

»Wir könnten für sorgearbeitende Menschen eine Stundenreduzierung in der Erwerbsarbeit finanzieren. Je nach Bedarf um ein Viertel bis ein Drittel für jeden Elternteil, bis die Kinder aus dem Gröbsten raus sind. Das berücksichtigt, dass auch Heranwachsende aus gesundheitlichen oder psychosozialen Gründen einen erhöhten Betreuungsbedarf haben können.«

»Es sollte eine gesellschaftlich abgesicherte Stundenreduzierung für alle geben, die zusätzlich zu ihrer Erwerbsarbeit noch in der Care-Arbeit tätig sind, also auch für kinderlose Menschen, die sich um Familienangehörige und andere Sorge-Empfangende kümmern.«

»Der Lohnausgleich sollte vollständig durch die Gesamtgesellschaft getragen werden, da die ihre Existenz ja auf den Leistungen der Sorgearbeitenden aufbaut.«

»Es könnte eine direkte Bezahlung der Sorgearbeit aus Steuergeldern geben, einschließlich einer echten Rentensi-

cherung für alle Menschen, die private Care-Arbeit geleistet haben.«

»*Am einfachsten und fairsten wäre ein Bedingungsloses Grundeinkommen für alle, auch für die Kinder.*«

? Fragen für dich

Wie würdest du leben und arbeiten wollen, wenn deine Grundsicherung jetzt und im Alter gewährleistet wäre?

Womit würdest du dich am liebsten in unsere Gesellschaft einbringen wollen?

Wo findest du Menschen mit ähnlichen Ideen, die dich bereichern könnten?

Soziale Entlastungen über Kitaplätze und Tagesbetreuungen hinaus

Alle Eltern leiden unter Zeitstress. Logisch, denn der Job als Eltern fordert gleich mehrere Jobs in einem. Am Beispiel einer staatlich finanzierten Wohngruppe für Kinder und Jugendliche, die familiär nicht gut betreut werden können, kann man spaßeshalber einmal sehen, welche Jobs hier von ganz verschiedenen Menschen ausgeübt werden: Eine Wohngruppe mit fünf Kindern und zwei Erzieherinnen beschäftigt zusätzlich eine Haushaltshilfe, eine

Reinigungskraft, einen Babysitter, eine Krankenvertretung, eine Erziehungsberatung und nicht zu vergessen: eine Urlaubsvertretung!

Eltern brauchen Zeit zum Durchatmen. Nur dann können sie wieder gelassen auf die kleinen und großen Sorgen ihrer Kinder eingehen. In Firmen gibt es gesetzlich geregelte Pausenzeiten, weil man weiß, wie notwendig sie für Regeneration, Gesundheit und Leistungsfähigkeit der Mitarbeitenden sind. Für Menschen in der privaten Sorgearbeit gibt es diese Pausenzeiten nicht.

Wie schön wäre es, wenn es auch für Eltern Pausenzeiten gäbe? Die müssen natürlich nicht gesetzlich geregelt werden. Aber es wäre doch schön, wenn auch für die private Care-Arbeit Pausen mitgedacht würden. Wenn Eltern zumindest in Notzeiten den gleichen Zugriff auf eine passgenaue Unterstützung hätten wie professionelle Pädagoginnen und Pädagogen? Schnell und vor Ort. Denn auch ganz normale Familien brauchen unendlich viele leicht zugängliche Hilfssysteme. Wie viel große Kinder- und Jugendhilfe-Einsätze könnten durch diese kleinen, zeitnahen Interventionen gespart werden? Eine frei zugängliche Erziehungsberatung gibt es mittlerweile in fast allen Städten Deutschlands. Die Caritas, das Jugendamt – an vielen Stellen kann man sich Rat holen. Eine große Entlastung! Dieses Modell ließe sich erweitern.

Kosten, die dem Staat durch viele kleine, niedrigschwellige Unterstützungsangebote für Familien entstehen, gleichen sich vermutlich nicht nur einfach, sondern möglicherweise sogar mehrfach durch ersparte Folgekosten aus: Medizinische und psychotherapeutische Behandlungen nicht nur für erschöpfte Eltern, sondern auch für ihre Kinder, staatliche Erziehungshilfen durch Unterbringung von Kindern und Jugendlichen in öffentlichen Einrichtungen, als »Hilfe zur Erziehung« oder gar »da weitere Verwahrlosung droht«, Gerichtskosten durch asoziales oder antisoziales Verhalten, Fahren ohne Führerschein, Beförderungserschleichung, Sachbeschädigung, Alkohol- und Drogenkonsum und vieles mehr. Aber auch weniger auffälliges Verhalten kostet unsere Gesellschaft viel Geld: Schwere Lese- und Rechtschreib-Schwächen bis hin zu Analphabetentum, mangelnde Schulabschlüsse und Ausbildungsabbrüche zeigen nur ein paar der Probleme, die zu dem viel beklagten Fachkräftemangel in unserer Wirtschaft beitragen. Schuld sind – natürlich – auch hier wieder die Mütter, die sich nicht ausreichend um ihren Nachwuchs kümmern. Doch wie sollten sie? »Der Tag müsste 48 Stunden haben, damit ich alles schaffen kann« ist eine der häufigsten Aussagen von Müttern in meinen Gruppen für erschöpfte Frauen. Frühe Förderung und Unterstützung für Familien in einem der reichsten Länder der Welt sollte eine Selbstverständlichkeit sein.

Entlastungen für Eltern – Ideen von Frauen aus meinen Gruppen

》Toll wäre, wenn man zusätzlich zu den Vorsorgeuntersuchungen immer auch gleich eine Entwicklungs- und Erziehungsberatung in Anspruch nehmen könnte. Auch wenn mit dem Kind gar nichts Besonderes los ist. Einfach nur mal fragen können und über alltägliche Probleme sprechen. Das wäre sehr entlastend.《

》Hilfreich wäre es, wenn es über die wenigen Elternschulen und Familienbildungsstätten hinaus in jedem Stadtteil Anlaufstellen für Familien gäbe, die staatlich subventionierte Haushaltshilfen, Babysitter oder Tageseltern vermitteln. Dann könnten Eltern einfach mal zur Ruhe kommen und entspannt die Teilhabe am gesellschaftlichen Leben genießen.《

»Jede Mutter sollte auch mit jedem weiteren Kind Anspruch auf Mutterschutz während ihrer Sorgearbeit für die Erstgeborenen haben und durch Familienhilfen unterstützt werden, damit sie sich mal ausruhen kann. Einen kleinen Wutkopf von der Straße zu zerren ist nicht minder anstrengend als ein Bürojob.«

Fragen für dich

In welchen Bereichen der Familienarbeit wünschst du dir besonders dringlich Entlastung?

_____

Welche Art von Pause von der Familienarbeit wäre dir besonders wichtig?

_____

Wer kann dich dabei unterstützen, um hilfreiche Ideen zu entwickeln?

_____

Bestmögliche gesellschaftliche Förderung von Kindern und Heranwachsenden

Förderung von Kindern kann bedeuten, dass Erwachsene dafür sorgen, dass Kinder sich gut entwickeln können. Aber es bedeutet auch, dass Kinder in finanzieller Sicherheit aufwachsen. Wenn Eltern arm sind, sind Kinder in Deutschland jedoch fast automatisch auch arm. Ein unhaltbarer Zustand. Die Kinderarmut ist hierzulande beschämend hoch. Und die Folgen sind gravierend, denn Armut bedeutet Ausschluss aus vielen gesellschaftlichen Möglichkeiten. Nicht zuletzt von Bildung. Armut in der Kindheit erhöht automatisch das Risiko, später selbst in Armut zu leben. Das können wir nicht wollen!

Ideen von Frauen aus meinen Gruppen

》 Wenn ich Städte planen könnte, dann würde ich Bildung und Gesundheit gleich mitdenken, zum Beispiel, indem die Wohngegenden in kleine Quartiere aufgeteilt sind, in denen man sich kennt und unterstützt. Die Kindergärten und Schulen sind um die Ecke, zum Job kann man per Rad, und überall gibt es kleine Parks, in denen Kinder und Erwachsene Möglichkeiten für Bewegung und Austausch finden. Aber auch Werkstätten, Kulturräume, Jugendhäuser oder Einrichtungen für Senioren. 《

》 Eine großzügige Kindergrundsicherung, unabhängig von den Lebensumständen und dem Einkommen der Eltern, wäre einfach großartig. Dann müssten wir uns keine Sorgen machen, wenn wir uns als Paar auseinanderleben oder einer von uns den Job verliert. Für die Kinder ist auf jeden Fall gesorgt. 《

》 Viel mehr fußläufige Kinderbetreuungen und Schulen mit einer Vielfalt an anregenden Angeboten würde nicht nur die Eltern, sondern auch die Kinder von langen Fahrwegen und pädagogischen Zusatzangeboten entlasten. Und die Kinder hätten einen sicheren Ort, wenn es zu Hause mal drunter und drüber gehen sollte. 《

》 Ich selbst möchte nicht zu kurz kommen und mich beteiligen. Deshalb wünsche mir auch außerhalb von Schulen zahlreiche Orte ganz in der Nähe zum gemeinsamen lebenslangen Lernen: Spiel- und Bewegungsräume, wie zum Beispiel die Bouleplätze in Frankreich, aber auch Werk- und Kulturstätten für die Entfaltung der eigenen Kreativität zusammen mit anderen Kindern und Erwachsenen.«

Fragen für dich
Welche Spiel- und Lernräume hattest du dir als Kind für dich gewünscht?

―――

Welche Spiel- und Lernräume wünschst du deinem Kind?

―――

Wer kann dich darin unterstützen, dass dein Kind diese Räume bekommt – ohne, dass du noch mehr belastet bist?

―――

Sozialen Wohnungsbau neu denken

Soziales Wohnen bezieht sich nicht nur auf die Mieten, sondern auch auf die Art des Miteinanderlebens. Viele kluge Menschen wissen längst, was Wohnraum zu einem guten Ort zum Leben macht, doch umgesetzt wird leider immer noch viel zu wenig davon. Deshalb gilt es auch hier, die vielen guten Ideen und praktischen Erfahrungen immer wieder öffentlich zu machen und sie unnachgiebig von der Politik für alle Menschen zu fordern, die entsprechend leben wollen.

Was Mut macht: Viele Ideen werden bereits umgesetzt. In einzelnen Projekten, in städtischen Pilotideen, von Baugruppen oder im genossenschaftlichen Wohnungsbau. Bei diesen Projekten können wir uns etwas abschauen und vielleicht in unserer eigenen Stadt etwas Ähnliches anregen. Der Flughafen Berlin Tegel ist heute beispielsweise eine gigantisch große Freifläche, auf der sich Menschen zum Spazieren, Drachen-steigen-Lassen oder Skaten treffen. In manchen Städten nutzen die Nachbarn von Plätzen diese als Freifläche, auf der man Gemeinschaft leben kann. Mit Freilichtkino, Veranstaltungen für die Anwohner, Fahrradreparatur-Treffs. Städte wie Hamburg geben sogar Gelder, um solche stadtteilbezogenen Aktionen zu finanzieren. In manchen Städten öffnen die Kirchen ihre oftmals großen Gärten für die Allgemeinheit, wie in kleinen Privatparks finden Familien so Platz im Grünen.

Paris ist eine der Modellstädte für die Idee »Stadt der fünfzehn Minuten«. Das Ziel: Jedes Wohnviertel soll so aufgebaut sein, dass man innerhalb von fünfzehn Minuten alles erreicht, was man im Alltag braucht. Von der Schule über Einkaufsmöglichkeiten bis zum Arzt und dem Ort der Erholung. Auch deshalb wurden in den letzten Jahren viele Straßen in Paris für den Autoverkehr gesperrt und in Fahrradstraßen umgewandelt. So wurden aus den ehemals stinkig verstopften Hauptstraßen zauberhafte Flanierwege, auf denen Kinder mit dem Rad fahren können und alle flott von A nach B kommen. Auch Kopenhagen ist Vorzeigestadt in Sachen Fahrrad statt Auto. Die Lebensqualität profitiert davon sehr. Vielleicht gibt es auch in deiner Stadt interessante Projektgruppen.

Fast alle Ideen, die wir genannt haben, lassen sich auch in Städten umsetzen, die noch nicht als gesamte Stadt auf dem Kurs der Familienfreundlichkeit sind. Durch Engagement und Interesse bewegen sich die Dinge. Ein paar der vorangegangenen Ideen zum »Sozialen Wohnungsbau« haben wir noch einmal zusammengefasst. Sie unterstützen das gute Zusammenleben von Eltern und Kindern, erweiterter Familie, Älteren, Singles, Paaren:

- Orte der Begegnung direkt im Wohnquartier: Laubengänge, Veranden, kleine geschützte Plätze für direkte Kommunikation unter den Nachbarn, die die Hilfe in der Nachbarschaft beflügeln. Viele Genossenschaften bekommen das bei uns bereits hin.
- Gemeinschaftlich genutzte Räume, in denen Nachbarn für Nachbarn etwas anbieten können. Vom Singen bis zum Babykurs gibt es das bereits in vielen kleineren und größeren Wohnprojekten.
- Autofreie Viertel für entspanntes Flanieren und die Sicherheit unserer Kinder.
- Kurze Wege zu allen sozialen, materiellen, kulturellen und medizinischen Einrichtungen.
- Plätze und Räume für kulturellen Austausch und gemeinsame Aktionen.
- Ein gutes Radwege-Netz für bessere Luft und lustvolle Bewegung.

So schöne Utopien! So viele schöne Ideen! Wie sollen wir da bloß hinkommen? Doch frei nach Seneca: »Wer den Hafen kennt, in den sie segeln will, für die ist jeder Wind der richtige.«

Fragen für dich

Wie und wo würdest du am liebsten wohnen wollen?

Was würdest du gern mit deinen Nachbarn bewegen?

Mit wem könntest du dich zusammenschließen, um deine Wünsche Wirklichkeit werden zu lassen?

Teil IV

DIE NEUE FREIHEIT

Segel setzen zu neuen Ufern. In eine Welt, in der Frauen, Männer und Kinder die gleichen Rechte haben auf ein gutes Leben. Das heißt, auf ein Leben in emotionaler und materieller Sicherheit, eingebunden in eine Gemeinschaft, die trägt. Das klingt utopisch. Aber im letzten Kapitel haben wir gezeigt, dass ganz konkrete Schritte in diese Richtung gar nicht so schwer und durchaus machbar sind. Allerdings setzen sie voraus, dass wir gemeinsam an einem Strang ziehen. Frauen und Männer und alle dazwischen. Wie kann das gelingen?

Das Ziel ist klar, die ersten Schritte auch – und doch: Bevor es losgeht, müssen wir uns bewusst machen, dass es bei jeder Veränderung Menschen gibt, die befürchten, etwas zu verlieren. Und verlieren will keiner. Diese Menschen haben Angst und werden mit all ihrer Macht zu verhindern suchen, dass sich etwas ändert. Das betrifft vor allem diejenigen Männer, die von einem Geschlechterkampf sprechen, weil es sich für sie so anfühlt. Und so setzen sie all ihre Macht und alle ihnen zur Verfügung stehenden Mittel ein, damit ihr Leben so bleibt, wie es ist und sie nicht so viel Angst haben müssen. Männer, die diese Machtdemonstrationen nicht nötig haben, haben weniger Angst. Denn es ist ihnen gelungen, ihre Zufriedenheit eher an Wohlbefinden als an Status festzumachen. Und sie sehen den Gewinn und die neue Freiheit, die auch für sie aus einer gelebten Gleichberechtigung folgt.

Laden wir also alle zu einem Blickwinkelwechsel ein: vom Gegeneinander zum Füreinander. Dann wird es plötzlich ganz einfach. Denn wir haben alle einen riesigen Zugewinn, wenn sich auch die Kraft und die Macht der Frauen – nicht im Sinne von Herrschaft, sondern von Vermögen – voll entfalten kann. Und nicht zuletzt werden auch diejenigen, die jetzt noch Angst haben, diese Befreiung spüren und genießen können.

Zum Abschluss deshalb noch ein Blick auf die sechs Hauptgewinne, die unsere Veränderungen mit sich bringen.

Gelassene Mütter

Zeit ist das große Geschenk. Stell dir vor, du hast Kinder und dennoch Zeit für dich selbst, für deine ganz persönlichen Interessen und auch für deinen Job und deine Partnerschaft. Du kannst Mutter sein und zugleich frei entscheiden, ob du deine Berufstätigkeit zeitgleich weiter ausüben möchtest. Denn du weißt, dass dein Arbeitgeber dir vieles möglich macht und dass deine Kinder gut versorgt sind, wenn du einem Job nachgehst. Du hast gemeinsam mit deinem Partner oder deiner Partnerin ein Konzept für euer Familienleben entwickelt. Die Arbeitsteilung fühlt sich fair an. Die Stundenzahl im Beruf könnt ihr eurem Leben anpassen. Der Arbeitgeber unterstützt euch dabei und ist offen dafür, dass ihr die Arbeitszeit immer mal wieder neu aushandelt. Auch mit Teilzeit verdient ihr genug Geld, um eure Familie zu versorgen. Eure Arbeitszeiten sind auch in Deutschland endlich so flexibel, wie man es aus nordeuropäischen Ländern schon länger kennt. Und wenn ihr wieder mehr Freiraum für den Job habt, steht der Karriere nichts im Wege. Das hat dein:e Arbeitgeber:in schon an vielen Beispielen glaubhaft gezeigt.

Natürlich ist das Leben mit Kindern nicht immer berechenbar. Doch du hast dir ein Umfeld geschaffen, in dem auch kurzfristig ein:e Nachbar:in, Freund:in oder ein:e Kindersitter:in zur Stelle ist.

Deine Wohnsituation ist so, dass die Nachbarschaft funktioniert, du viele andere Mütter und Väter kennst und alle sich gegenseitig helfen. Weil alle ein entspannteres Familienleben leben, ist auch fast immer jemand im Umfeld zu Hause und nimmt dein Kind gern zu sich, wenn du einmal überraschend wegmusst. Kein unnützes Vergleichen mehr mit anderen Müttern. Stattdessen echte Solidarität. Mütter, die sich wohlwollend dabei unterstützen, den Mega-Job Eltern gut zu machen. Die sich gegenseitig helfen und Wissen weitergeben, wenn eine Mutter von Kummer erzählt. Einfach, weil sie selbstbewusste Eltern sind, die nicht verheimlichen müssen, wenn etwas schwierig ist. Denn das ständige Vergleichen ist auch ein Ausdruck von Stress, den Mütter erleben, wenn Unterstützung und Wertschätzung fehlen. Über die Kinder knüpfst du auch selbst viele Bekanntschaften mit neuen, interessanten Menschen, und aus manchen werden echte Freund:innen. Das Umfeld um dein Zuhause bietet Kindergärten, Schulen, Kinderspielplätze und sichere Orte, an denen ihr euch gerne bewegt. Ihr braucht einfach nur rauszugehen, und schon ist die Erholung da. Parks, Cafés – die ganze Stadt ist darauf ausgelegt, dass es den Menschen gut geht, die dort leben. Wenn es Probleme mit der Kindererziehung oder Gesundheitsfragen gibt, kannst du ganz unkompliziert Beratung und Hilfe finden. Es gibt vielleicht sogar ein kleines Beratungsteam vor Ort in deinem Wohnquartier, Kinderärzt:innen und auch Logopäd:innen oder andere Therapeut:innen sind um die Ecke, und du kannst bei Bedarf auf sie zugreifen.

Du hast das Gefühl, Muttersein ist zwar eine fordernde, aber zugleich machbare Aufgabe, und du spürst: Die ganze Gesellschaft steht hinter dir und ist bemüht, dir das Leben zu erleichtern. Du stellst fest, dass die entspannte Situation auch deiner Partnerschaft guttut. Ihr tragt die Verantwortung für eure Familie gemeinsam. Geschenkte Zeit für dein Wohlbefinden und dein ganz persönliches Wachstum. Zeit für Erholung und Lebensfreude, Energie und Gesundheit. Zeit, die in die Partnerschaft fließen kann, in die Familie und mit Lust auch in die Arbeit. Zeit für Liebe.

Erfüllte Väter

Die enge »Nadelstreifen-Identität« löst sich für die Männer zugunsten einer erweiterten Welterfahrung und persönlichen Entwicklung auf. Stell dir vor, du bist Vater oder in einer vaterähnlichen Rolle, und diese Erfahrung hat dein gesamtes Leben reicher gemacht. Du kennst noch die Erzählungen von Männern der vorigen Generationen, die häufig über ihre Verpflichtungen als Väter stöhnten. Sie konnten sich auch von Arbeitgeberseite her kaum Elternzeit leisten. Wer mehr als die obligaten zwei Monate nahm, war raus aus dem Karrieregeschehen. Doch das kannst du gar nicht mehr nachvollziehen. Du findest es einfach spannend, was du durch deine Kinder lernst. Dein Arbeitgeber ermöglicht allen Vätern Freiräume, damit sie ausreichend Zeit mit der Familie haben. Überstunden und ausufernde Meetings sind extrem ungewöhnlich geworden. Stattdessen gehen auch Führungskräfte nachmittags um sechzehn Uhr aus der Firma, um ihre Kinder abzuholen. Du hast viele Väter im Freundeskreis, und oft trefft ihr euch mitsamt den Kindern, um etwas zu unternehmen. Du findest es ganz normal, für deine Familie da zu sein. Dein Arbeitgeber gibt auch Vätern großzügig Elternzeit, die Entlohnung in dieser Zeit ist okay, und du kannst dir die arbeitsfreien Wochen flexibel auswählen.

Bei deinen eigenen Eltern war es noch so, dass für alle Fragen rund um Gefühle deine Mutter zuständig war. Dein Vater war mehr so fürs Praktische, hieß es. Für dich ist das anders. Du bist Vertrauensperson für deine Kinder. Sie kuscheln sich an dich, wenn sie ängstlich sind, sie fragen dich um Rat, wenn sie Liebeskummer oder Schulsorgen haben. Und du hast gemerkt, wie du an diesem Vertrauen innerlich wächst und selbstbewusster wirst. Als Vater bist du stärker geworden. Du lässt dich auch von Kolleg:innen oder deinen Chefs nicht mehr so schnell verunsichern. Die Kinder erden dich. Dazu hast du eine große Verbundenheit mit der Gesellschaft und der gesamten Umwelt entwickelt. Du engagierst dich für die Mitbestimmung in deinem Viertel, und in deiner Firma hast du eine AG Nachhaltigkeit ins Leben gerufen. Du findest es wichtig und normal, dass du dir Gedanken über das Leben der nächsten Generation machst, und investierst Zeit und Erfahrung in den langfristigen Schutz von Umwelt und Lebensqualität. Dein Leben fühlt sich sinnhaft und vital an. Du spürst, dass dies auch deiner Partnerschaft zugutekommt. Ihr begegnet euch auf Augenhöhe und teilt die Verantwortung für eure Familie ebenso wie Lebensfreude und den Spaß mit den Kindern. Inspiriert von den vielfältigen, oftmals ganz unerwarteten Begegnungen und Herausforderungen wird auch dein Leben immer erfüllter und reicher.

Entspannte Kinder

Man braucht ein Dorf, um ein Kind großzuziehen. Stell dir vor, deine Kinder wachsen frei und zugleich behütet auf. Sie können zum Beispiel einfach rausgehen, sobald sie laufen können, und finden einen sicheren Innenhof oder eine Wiese, auf der sie mit anderen Kindern spielen und toben. Und dafür musstest du noch nicht einmal ein Einfamilienhaus bauen. Sondern da, wo du lebst, gibt es ganz viele solcher Wohnorte. Die Mieten sind bezahlbar, und alle jungen Familien können sich diese gute Wohnsituation leisten. So wachsen deine Kinder mit ganz unterschiedlichen Menschen und Weltsichten auf. Ihr Blick kann offen und neugierig bleiben. Sie lernen, ohne es zu merken. Häufig ist es so, dass dein Kind stundenlang draußen spielt und herumtobt, und eine andere Mutter oder ein Vater bringt die Wassermelone zum Naschen raus. An einem anderen Tag hast du Zeit und Lust für ein Auge auf die Kids. Dein Kind kennt sowieso alle Nachbar:innen und geht in den anderen Wohnungen ein und aus. Alle fühlen sich gemeinsam ein Stück weit verantwortlich für alle Kinder.

Wenn dein Kind irgendwelche Unterstützung braucht, sei es in Sachen Motorik oder auch seelisch, findest du gleich um die Ecke eine Beratungsstelle, die unkompliziert Tipps gibt – oder auch an Expert:innen weitervermittelt, falls dies nötig ist. In der Kita ebenso wie in der Schule ist dein Kind in kleinen Gruppen mit entspannten Lehrkräften und Erzieher:innen zusammen. Es geht richtig gern hin. Und auch du hast das Gefühl, dass die Pädagog:innen dein Kind mit seiner ganz eigenen Persönlichkeit vielschichtig erfassen, betreuen und es in seiner Entwicklung gut begleiten und fördern. Ein bisschen sind die Betreuungseinrichtungen wie eine erweiterte Familie, in der sich alle gegenseitig unterstützen. Für ältere Kinder gibt es zudem Ferienprogramme und Freizeiten im Stadtteil. Aber häufig lieben sie es auch, sich einfach mit ihren Freundinnen und Freunden zu treffen. Dafür gibt es versteckte Ecken in Parks, unbebaute Flächen, Laubenkolonien, Bauspielplätze und vieles mehr, das den Kindern Anregung und Rückzug bietet. Eltern und andere Erwachsene, die Zeit haben, eine Nachbarschaft, die ansprechbar ist, Räume, die sicher sind, unterschiedlichste Weltsichten, interessante Anregungen und kleine Verstecke. Das macht glücklich – Eltern wie Kinder.

Fröhliche Familien

Familienzeit ist endlich das, was sie sein kann: Eine große Abenteuerreise außerhalb von Leistungsnormen. So vieles wollen Eltern mit ihren Kindern erleben und ihnen fürs Leben mitgeben. Und endlich könnt ihr das auch tun. Denn ihr seid entspannter, als es eure eigenen Eltern je waren. Weil Arbeitgeber:innen Rücksicht auf die Bedürfnisse von Familien nehmen. Weil ihr in der Partnerschaft eine faire Arbeitsteilung habt. Weil euer Wohnumfeld das Familienleben vereinfacht. Weil Lehrkräfte und Erzieher:innen Zeit und Raum haben, eure Kinder wirklich zu unterstützen. Und weil nicht zuletzt ihr selbst durch all das ausreichend Ruhe für euch und eure Regeneration bekommt. Als entspanntere Eltern könnt ihr euch viel mehr darauf einlassen, wie abenteuerlich und lustig das Leben mit Kindern eigentlich ist. So könnt ihr mitten im Alltag für sie und euch ein friedliches Umfeld zur persönlichen Entfaltung schaffen. Ihr müsst nicht mehr auf das lang angesparte Sabbatical oder den nächsten Urlaub warten, bis ihr eine entspannte Zeit zusammen habt. Ihr habt an jedem Wochenende oder sogar am späten Nachmittag Muße und auch noch Energie genug, um etwas Schönes zusammen zu unternehmen. Ein Ausflug auf den Bauernhof, ein Brettspiel, eine Fahrt zum See mit Rad. Gemeinsam mit den Kindern entdeckt ihr die

Welt immer wieder neu. Plötzlich seid ihr auch offen für ganz individuelle Familienlösungen. Vielleicht seid ihr eine Familie, die jeden Sonntag Pizza isst. Vielleicht ist euer Familienritual, am Freitagabend zusammen schwimmen zu gehen. Oder ihr kümmert euch um ein Stück Wiese in der Stadt und bepflanzt es mit Blumen. Familienzeit ist die Oase außerhalb von Leistungsnormen mit spannenden und lustigen Erlebnissen, Entdeckungen und Erkenntnissen über sich und die Welt. Urlaub im Alltag. Jede Woche. Jeden Tag.

Erfolgreiche Firmen

Firmen profitieren von mündigen Beschäftigten, die sich nicht zwischen Job und Privatleben aufreiben. Stell dir vor, du lebst in einer Gesellschaft, die Burnout nur noch aus Erzählungen von früheren Generationen kennt. Man erinnert sich, wie sich die eigenen Eltern ständig zwischen Beruf und Privatleben aufgerieben haben. Vor allem die Mütter. Wie sie fluchten, weil sie in hundert Meetings anwesend sein sollten, die nichts brachten. Weil sie jede Aufstiegsmöglichkeit im Job aufs Spiel setzten, wenn sie die Stundenzahl reduzierten. Bei dir ist das alles anders. Dein Beruf ist ein Feld, das gut strukturiert und fair funktioniert. Du musst dich nicht zerreißen, um im Job deine Frau oder deinen Mann zu stehen. Dafür bist du deiner Firma auch dankbar. Und klar machst du gute Arbeit. Vor allem, weil deine Arbeitgeber:innen dir Freiräume geben. Du kannst dich entwickeln und immer mal wieder etwas Neues ausprobieren und mit Freude dein Know-how einbringen. Das macht dich zufrieden, und du empfindest deinen Job als Bereicherung in deinem Leben und nicht als Stolperstein für deine seelische Gesundheit. Die Firmen, die diese faire Arbeitsatmosphäre bieten, findet man leicht: Denn sie werden zertifiziert. Und genau diese Firmen stechen auch in Analysen heraus, die untersuchen, wer den digitalen und demografischen Wandel am besten meistert.

Eine friedliche, nachhaltige Gesellschaft

Ein gutes Miteinander ist im tiefsten Sinne Demokratie bildend. Wenn Menschen auskömmlich leben, sich entfalten und sich persönlich entwickeln können, mit Gestaltungsräumen für jede und jeden, lässt der Neid nach. Konsumexzesse als Statussymbol verlieren an Anziehungskraft. Diese Erfahrungen der Erwachsenen übertragen sich wie von selbst auf die Nachkommen. Denn auch diese Kinder erleben Fairness in Bezug auf ihre Entwicklungs- und Entfaltungsmöglichkeiten. Sie bekommen die Möglichkeit, ihre natürliche Empathie auszubilden und ihren angeborenen Sinn für Fairness auszubauen. Diese Menschen werden sich selbstverständlicher um das gute Miteinander, Frieden, soziale Unterstützung und Nachhaltigkeit kümmern. Eine gleichberechtigte Gesellschaft ist deshalb nicht nur eine gesündere Gesellschaft, wie Studien zeigen, sie ist auch die Basis für eine Welt, in der Sein mehr zählt als Haben. Davon profitieren alle Menschen – ganz gleich, ob mit Kindern oder ohne Kinder. Ob älter oder jünger. Ob in einem Leben als Single, Paar, Familie oder mit Wahlverwandten. Davon profitiert die Welt.

Epilog

Manchmal hören wir Frauen, dass die Emanzipation doch längst schon weit fortgeschritten sei. Dass man sich doch mal entspannen könne. Dass die Frauen doch viel mehr Unterstützung hätten als jede Generation vor ihnen. Dass es doch irgendwann auch mal Schluss sein müsse mit dem ständigen Rufen nach noch mehr Veränderung. Doch jede Mutter, die abends erschöpft ins Bett sinkt, um morgens immer noch erschöpft weiterzumachen, weiß, wie wichtig es ist, dass sich noch viel mehr ändert. Deshalb haben wir dieses Buch geschrieben. Es soll dir Mut machen, die Veränderungen, die in deiner Macht liegen, selbst in die Hand zu nehmen. Es möchte dir auch Mut machen, dranzubleiben und mit den Partner:innen für eine wirklich faire Verteilung der Sorgearbeit und damit für ein gutes Leben für uns alle einzutreten. Wir hoffen, du hast in diesem Buch gute Anregungen und Argumente gefunden, um zukünftig klarer in Job und Politik einzufordern, was wir benötigen, damit ein gutes Leben für alle gelingt.

Aber uns ist auch klar: Das wird nicht leicht. Und leider wird es auch nicht unbedingt leichter, obwohl Frauen und emanzipierte Männer gemeinsam schon so viel erreicht haben. Denn es scheint so zu sein, dass mit dem Erstarken der Emanzipation auch die Wut mancher Männer größer wird. Vielleicht haben sie Angst, etwas zu verlieren. Vermutlich lehnen manche ganz grundsätzlich Veränderungen ab, die an ihrem Machtsystem rütteln. Um sich dagegen gut wehren zu können, ist es hilfreich, sich den perfiden Mechanismus dahinter klarzumachen. Es hilft uns, hartnäckig zu bleiben, nicht zu verzagen und die vermeintlichen Mauern als das zu erkennen, was sie sind: Stolpersteine, die zwar lästig sind, aber nicht die Kraft haben, uns den Weg zu versperren.

Fakt ist: Derzeit zeigt sich auf der Welt leider ein enormer Zuwachs an Frauenfeindlichkeit, Misogynie. Es fühlt sich wie ein Rückschlag an. Wir waren in Sachen Gleichberechtigung und Diversität doch schon viel weiter! Und selbst im näheren Bekanntenkreis können Frauen, die mehr verändern und auf zu neuen Ufern wollen, sich wieder einiges anhören (genauso wie Männer, die zugunsten der Familie ihre Arbeitszeit reduzieren): »Davonsegeln wollt ihr? Auf zu neuen Ufern? Genügt es nicht, dass die Frauen als Mütter schon so viel Macht haben? Wollen sie jetzt auch noch über die Arbeitswelt und die Männer bestimmen? Können die Frauen den Hals denn überhaupt nicht vollkriegen? Wofür sind wir Männer denn dann überhaupt noch gut?« Woher kommt diese Abwehr von Gleichberechtigung?

Es ist eine Frage des Blickwinkels: Wenn man die weltweiten kulturellen Veränderungen zwischen den Geschlechtern als Machtkampf zwischen Frauen und Männern sieht, ist es verständlich, dass Männer sich mit Händen und Füßen dagegen wehren. Wer gibt schon freiwillig Macht ab? Ganz besonders deutlich wird dieser Machtkampf bei den Taliban in Afghanistan, aber auch bei den Evangelikalen in Amerika und natürlich bei allen neofaschistischen Bewegungen überall auf der Welt. Im Kern haben alle diese Bewegungen Angst vor der Macht der Frauen. Angst davor, als Mann in die Bedeutungslosigkeit zu versinken. Frauen brauchen nur wenige Männer, um sich zu reproduzieren und überhaupt keine, um sich ein schönes Leben zu machen. Männer dagegen brauchen auf jeden Fall schon mal Mütter, um diese Welt betreten zu können. Eine große Abhängigkeit zeigt sich da. Und die macht Angst. Macht zu spüren und zu demonstrieren, bekämpft diese Angst. Aber leider nur kurzfristig. Denn Kampf erzeugt neue Angst.

Selbst in Europa ist diese Angst zu spüren – und ebenso das Festhalten an der Macht. Hier geht es nur manchmal etwas versteckter zu: Ausgrenzung, Herablassung, Mansplaining und sexuelle Übergriffe in Wort und Tat sind Machtdemonstrationen und zeigen letztendlich die Angst der Männer vor den Frauen. Aber nicht nur das: Auch der Rückzug aus der Familie, den manche Männer wählen, ist eine Form von Machtausübung. Denn umso mehr sich die Männer aus der Sorgearbeit für ihre Kinder herausstehlen, umso mehr zwingen sie die Frauen dazu, sich auf die Mutterrolle zu beschränken und einen großen Teil ihrer Lebensenergie in die Sorgearbeit zu investieren – ungeachtet all ihrer anderen Bedürfnisse und Fähigkeiten. Aber auch das Festhalten an der unfairen Verteilung von Geld ist Teil der Machterhaltungsstrategie, die Frauen zwangsläufig in die schwächere Position drängt. Und noch ein wenig subtiler, aber nicht weniger wirksam: Desinteresse, Verschleppen von Aufgaben und andere passiv-aggressive Verhaltensweisen verhindern letztendlich Veränderungen jeglicher Art im Leben von Frauen und Müttern.

Dass derzeit so viele Männer ihre Macht und Herrschaft mit allen Mitteln verteidigen, ist schrecklich. Denn es kostet die Frauen so unglaublich viel Kraft und häufig auch im wahrsten Sinne des Wortes das Leben. Der einzige Hoffnungsfunke: Diese Ausbrüche des männlichen Widerstands zeigen, dass sich derzeit richtig viel tut. Die Gleichberechtigung lässt sich nicht mehr aufhalten. Frauen erheben ihre Stimmen und sind sichtbar. Dass dadurch der

Widerstand der Männer auch größer und sichtbarer wird, hat leider eine gewisse Logik. Doch es gibt kein Zurück mehr.

Wir dürfen nicht aufgeben. Es geht darum, weiterzugehen. Das Ziel vor den Augen. Und zu tun, was in unserer Macht steht: Uns selbst ernst nehmen und entwickeln. Forderungen stellen. Frauen in aller Welt unterstützen. Und auch die Männer, die in einer neuen, gleichberechtigten Welt leben und lieben wollen. Und der befürchtete Bedeutungsverlust von einigen Männern? Den können wir getrost vergessen, denn ab jetzt gilt: Bedeutungsvoll sind alle, die ihre Macht für das Gute in dieser Welt einsetzen.

Anmerkungen

1 Franziska Schutzbach: *Die Erschöpfung der Frauen. Wider die weibliche Verfügbarkeit.* Droemer Verlag, München 2021, S. 2
2 https://www.gerechte-geburt.de/wissen/gewalt-in-der-geburtshilfe/zahlen-deutschland/; https://www.spektrum.de/news/traumatische-geburt-auch-vaeter-leiden-unter-den-geschehnissen/2147841 (letzter Zugriff: 7.7.2023)
Studie von Lea Beck-Hiestermann (noch unveröffentlicht): https://www.psychologische-hochschule.de/forschung-lehre/wissenschaftliche-arbeitsgruppen/arbeitsgruppe-gumz/forschungsprojekt-prof-gumz-effekt-des-entbindungsmodus/ (letzter Zugriff: 7.7.2023)
3 https://www.oxfam.de/system/files/forsa-umfrage_equal_care_day.pdf (letzter Zugriff: 7.7.2023)
4 Laura Fröhlich: *Die Frau fürs Leben ist nicht das Mädchen für alles. Was Eltern gewinnen, wenn sie den Mental Load teilen.* Kösel Verlag, München 2020; Patricia Cammarata: *Raus aus der Mental Load-Falle: Wie gerechte Arbeitsteilung in der Familie gelingt.* Beltz Verlag, Weinheim 2020.
5 Lena Hipp: »Rabenmütter, tolle Väter. Frauen schaden kurze und lange Elternzeiten bei ihrer Karriere – Männern nicht«. In: *WZB Mitteilungen*, Heft 161, September 2018, S. 28–30, https://bibliothek.wzb.eu/artikel/2018/f-21481.pdf (letzter Zugriff: 7.7.2023)
6 Timm Bönke, Rick Glaubitz: *Wer gewinnt? Wer verliert? Die Absicherung von Lebenseinkommen durch Familie und Staat.* Bertelsmann Studie 2022, https://www.bertelsmann-stiftung.de/fileadmin/files/BSt/Publikationen/GrauePublikationen/Studie_Lebenseinkommen.pdf (letzter Zugriff: 7.7.2023)
7 Michael Schulte-Markwort: *Mutlose Mädchen: Ein neues Phänomen bes-*

ser verstehen – Hilfe für die seelische Gesundheit unserer Töchter. Kösel Verlag, München 2022; https://www.zeit.de/zeit-magazin/familie/2023-05/psychologie-maedchen-doppelbelastung-emanzipation-erwachsenwerden?utm_referrer=https%3A%2F%2Fwww.google.com%2F (letzter Zugriff: 7.7.2023)

8 https://www.br.de/nachrichten/bayern/rentenfalle-mutter-wenn-kinder-im-alter-arm-machen,TDGoD4g (letzter Zugriff: 7.7.2023)

9 Die Lücke zwischen den individuellen Bruttolebenserwerbseinkommen von Frauen und Männern, der sogenannte Gender Lifetime Earnings Gap, beträgt für heute Mitte-Dreißigjährige in Westdeutschland rund 45 Prozent. Frauen verdienen über ihr gesamtes Leben also nur etwa halb so viel wie Männer. Die Lücke ist noch deutlich größer, wenn Frauen Kinder haben: Mütter verdienen über das gesamte Erwerbsleben im Vergleich mit Männern durchschnittlich 62 Prozent weniger. Vgl. https://www.bertelsmann-stiftung.de/fileadmin/files/BSt/Publikationen/GrauePublikationen/Studie_Lebenseinkommen.pdf (letzter Zugriff: 7.7.2023)

10 https://www.bib.bund.de/Publikation/2022/pdf/15-Jahre-Elterngeld-Erfolge-aber-noch-Handlungsbedarf.pdf?__blob=publicationFile&v=2 (letzter Zugriff: 7.7.2023)

11 *Memorandum »Familie leben«*, 2009. https://www.bmfsfj.de/resource/blob/94314/d32bb4672cedb084e27439102a570575/memorandum-familie-leben-data.pdf (letzter Zugriff: 7.7.2023)

12 Das Scheidungsrisiko ist nach fünf und sechs Jahren am höchsten: https://de.statista.com/statistik/daten/studie/1346/umfrage/anzahl-der-geschiedenen-ehen-nach-ehedauer/ (letzter Zugriff: 7.7.2023)

Literatur

Monografien

Althaber, Agniesza: **Teilzeitarbeit im Lebensverlauf von Männern**. Zur beruflichen Strukturierung von Übergängen und Konsequenzen. Dissertation, Freie Universität Berlin 2022

Angier, Natalie: **Frau**. Eine intime Geographie des weiblichen Körpers. München 2000

Ariely, Dan: **Denken hilft zwar, nützt aber nichts**. Warum wir immer wieder unvernünftige Entscheidungen treffen. Erweiterte Neuausgabe. München 2015

Bauer, Joachim: **Prinzip Menschlichkeit**. Warum wir von Natur aus kooperieren. Hamburg 2006

Bauerfeind, Katrin: **Mir fehlt ein Tag zwischen Sonntag und Montag**. Geschichten vom schönen Scheitern. Frankfurt am Main 2014

Beauvoir, Simone de: **Das andere Geschlecht**. Sitte und Sexus der Frau. Hamburg 1951

Beck-Gernsheim, Elisabeth: **Die Kinderfrage heute**. Über Frauenleben, Kinderwunsch und Geburtenrückgang. München 2006

Bloemeke, Viresha J.: **Es war eine schwere Geburt**. Wie traumatische Erfahrungen verarbeitet werden können. München 2003

Bohmeyer, Michael und Cornelsen, Claudia: **Was würdest du tun?** Wie uns das Bedingungslose Grundeinkommen verändert. Berlin 2019

Bola, JJ: **Sei kein Mann**. Warum Männlichkeit ein Albtraum für Jungs ist. München 2019

Borysenko, Joan: **Das Buch der Weiblichkeit**. Der 7-Jahres-Rhythmus im Leben einer Frau. München 2001

Brantenberg, Gerd: **Die Töchter Egalias.** Roman. München 1987
Bremische Zentralstelle für die Verwirklichung der Gleichberechtigung der Frau (ZGF): **Unter anderen Umständen.** Mutter werden in dieser Gesellschaft. Bremen 1997
Bücker, Teresa: **Alle_Zeit.** Eine Frage von Macht und Freiheit. Berlin 2022
Cammarata, Patricia: **Raus aus der Mental Load-Falle.** Wie gerechte Arbeitsteilung in der Familie gelingt. Weinheim 2020
Chopich, Erika und Paul, Margaret: **Aussöhnung mit dem inneren Kind.** Vom liebevollen Selbstumgang. Hamburg 1997
Duden, Barbara: **Der Frauenleib als öffentlicher Ort.** Vom Mißbrauch des Begriffs Leben. Hamburg/Zürich 1991
Dürr, Anke und Voigt, Claudia: **Die Unmöglichen.** Mütter, die Karriere machen. München 2006
Emma: **ein anderer Blick.** Feministischer Comic gegen die Zumutungen des Alltags. Münster 2020
Endler, Rebekka: **Das Patriarchat der Dinge.** Warum die Welt Frauen nicht passt. Köln 2021
Erhardt, Ute: **Gute Mädchen kommen in den Himmel – böse überall hin.** Warum Bravsein uns nicht weiterbringt. Hamburg 1994
Erikson, Erik H.: **Kindheit und Gesellschaft.** Stuttgart 1984
Fallaci, Oriana: **Brief an ein nie geborenes Kind.** Frankfurt 1979
Firestone, Shulamith: **Frauenbefreiung und sexuelle Revolution.** Frankfurt 1978
Friedan, Betty: **Der Weiblichkeitswahn.** Ein vehementer Protest gegen das Wunschbild von der Frau. Reinbek 1970
Fröhlich, Laura: **Die Frau fürs Leben ist nicht das Mädchen für alles!** Was Eltern gewinnen, wenn sie den Mental Load teilen. München 2020
Fromm, Erich: **Haben oder Sein.** Die seelischen Grundlagen einer neuen Gesellschaft. München 1976
Gambaroff, Marina: **Utopie der Treue.** Reinbek 1984
Garsoffky, Susanne und Sembach, Britta: **Der tiefe Riss.** Wie Politik und Wirtschaft Eltern und Kinderlose gegeneinander ausspielen. München 2017
Garsoffky, Susanne und Sembach, Britta: **Die Alles ist möglich-Lüge.** Wieso Familie und Beruf nicht zu vereinbaren sind. München 2014
Garsoffky, Susanne und Sembach, Britta: **Die Kümmer-Falle.** Kinder, Ehe, Pflege, Rente. Wie die Politik Frauen seit Jahrzehnten verrät. München 2022
Ginsburg, Tobias: **Die letzten Männer des Westens.** Antifeministen, rechte Männerbünde und die Krieger des Patriarchats. Hamburg 2021
Goetze, Helga: **Hausfrau der Nation oder Deutschlands Supersau.** Zeugnisse eines Ausbruchs. München 1973

Grünewald, Stephan: **Die erschöpfte Gesellschaft**. Warum Deutschland neu träumen muss. Frankfurt 2013

Gührs, Manfred und Nowak, Claus: **Das konstruktive Gespräch**. Ein Leitfaden für Beratung, Unterricht und Mitarbeiterführung mit Konzepten der Transaktionsanalyse. Aktualisierte Neuauflage. Meezen 2014

Haberl, Tobias: **Der gekränkte Mann**. Verteidigung eines Auslaufmodells. München 2022

Hälterlein, Oliwia und Franz, Aisha: **Das Jungfernhäutchen gibt es nicht**. Ein breitbeiniges Heft. Augsburg 2020

Heesen, Boris von: **Was Männer kosten**. Der hohe Preis des Patriarchats. München 2022

Heinemann, Helen: **Eltern werden – Liebespaar bleiben**. 50 Tipps, damit die Liebe überlebt. Reinbek 2005

Heinemann, Helen: **Irgendwas muss anders werden**. Neue Wege aus der Erschöpfung. Hamburg 2020

Heinemann, Helen: **Warum Burnout nicht vom Job kommt**. Die wahren Ursachen der Volkskrankheit Nr. 1. Aßlar 2012

Heinemann, Helen: **Warum Stress glücklich macht**. Oder: Wieso wir aufhören sollen zu entspannen. Aßlar 2015

Hülsemann, Irmgard: **Ihm zuliebe?** Abschied vom weiblichen Gehorsam. Frankfurt 1991

Janosch: **Oh, wie schön ist Panama**. Die Geschichte, wie der kleine Tiger und der kleine Bär nach Panama reisen. Weinheim 1978

Jaud, Tommy: **Einen Scheiß muss ich**. Das Manifest gegen das schlechte Gewissen. Berlin 2016

Kaiser, Mareice: **Das Unwohlsein der modernen Mutter**. Hamburg 2021

Kebekus, Carolin: **Es kann nur eine geben**. Köln 2021

Kleen, Heike: **Geständnisse einer Teilzeitfeministin**. Mein Verstand ist willig, aber der Alltag macht mich schwach. Hamburg 2021

Kleinschmidt, Carola: **Raus aus dem Stress**. Wie sie Druck abbauen und gelassen bleiben. München 2016

Kleinschmidt, Carola: **Burnout – und dann?** Wie das Leben nach der Krise weiter geht. München 2016

Kleinschmidt, Carola: **Das Intervall-Prinzip**. Die Kunst, den richtigen Rhythmus zu finden. München 2021

Kleinschmidt, Carola: **Gesünder arbeiten. Besser leben**. Mit mehr Lebensfreude und Gelassenheit durchs Jahr. 2022

Knaths, Marion: **Spiele mit der Macht**. Wie Frauen sich durchsetzen. München 2009

Krogerus, Mikael und Tschäppeler, Roman: **Machen**. Eine Anleitung fürs Loslegen, Dranbleiben und zu Ende führen. Kein und Aber 2021

Kühne, Fränzi: **Was Männer nie gefragt werden.** Ich frage trotzdem mal. Frankfurt 2021

Lerner, Harriet G.: **Das mißdeutetete Geschlecht.** Falsche Bilder der Weiblichkeit in Psychoanalyse und Therapie. Frankfurt 1993

Lerz, Anja (Hg.): **Germany's next Topmutti.** Das Mama-Manifest – ein Hoch auf die Unvollkommenheit. Moers 2016

Maiwald, Stefan: **Das Italien-Prinzip.** So geht Glück, Luxembourg 2021

Mitscherlich, Margarete: **Über die Mühsal der Emanzipation.** Frankfurt 1994

Moorstedt, Tobias: **Wir schlechten guten Väter.** Warum Männer sich erfolgreich gegen Familienarbeit wehren – und warum wir das dringend ändern müssen. Köln 2022

Müller-Münch, Ingrid: **Sprengsatz unterm Küchentisch.** Wenn die Frau das Geld verdient. Stuttgart 2013

Niazi-Shahabi, Rebecca: **Nett ist die kleine Schwester von Scheiße.** Danebenbenehmen und trotzdem gut ankommen. München 2011

Olbricht, Ingrid: **Was Frauen krank macht.** Zur Psychosomatik der Frau. München 2002

Pearson, Allison: **Working Mum.** Humorvolle Work-Life-Balancing-Katastrophen. Reinbek 2004

Radisch, Iris: **Die Schule der Frauen.** Wie wir die Familie neu erfinden. München 2007

Reinwarth, Alexandra: **Am Arsch vorbei geht auch ein Weg.** Wie sich dein Leben verbessert, wenn du dich endlich locker machst. München 2016

Roberts, Ulla: **Starke Mütter – ferne Väter.** Töchter reflektieren über ihre Kindheit im Nationalsozialismus und in der Nachkriegszeit. Frankfurt 1994

Roig, Emillia: **Das Ende der Ehe.** Für eine Revolution der Liebe. Berlin 2023

Rulffes, Evke: **Die Erfindung der Hausfrau.** Geschichte einer Entwertung. Hamburg 2021

Runge, Erika: **Frauen.** Versuche zur Emanzipation. Frankfurt 1970

Schaik, Carel van und Michel, Kai: **Die Wahrheit über Eva.** Die Erfindung der Ungleichheit von Frauen und Männern. Hamburg 2020

Schindele, Eva: **Gläserne Gebär-Mütter.** Vorgeburtliche Diagnostik – Fluch oder Segen. Frankfurt 1990

Schindele, Eva: **Pfusch an der Frau.** Krankmachende Normen. Überflüssige Operationen. Lukrative Geschäfte. Frankfurt 1996

Schnabel, Ulrich: **Zusammen.** Wie wir mit Gemeinsinn globale Krisen bewältigen. Berlin 2022

Schulte-Markwort, Michael: **Mutlose Mädchen**. Ein neues Phänomen besser verstehen – Hilfe für die seelische Gesundheit unserer Töchter. München 2020

Schutzbach, Franziska: **Die Erschöpfung der Frauen**. Wider die weibliche Verfügbarkeit. Warum von Frauen alles erwartet, aber wenig zurückgegeben wird. München 2021

Sennett, Richard: **Der flexible Mensch**. Berlin 2006

Solnit, Rebecca: **Die Mutter aller Fragen**. München 2017

Solnit, Rebecca: **Wenn Männer mir die Welt erklären**. Essays. München 2017

Sprenger, Reinhard K.: **Das anständige Unternehmen**. Was richtige Führung ausmacht – und was sie weglässt. München 2015

Sprenger, Reinhard K.: **Die Entscheidung liegt bei dir**. Wege aus der alltäglichen Unzufriedenheit. Frankfurt 2016

Stokowski, Margarete: **Die letzten Tage des Patriarchats**. Reinbek 2018

Stokowski, Margarete: **Untenrum frei**. Reinbek 2016

Sveland, Maria: **Bitter Fotze**. Roman. Köln 2009

The Boston Women's Health Book Collective: **Unser Körper – unser Leben**. Ein Handbuch von Frauen für Frauen. Reinbek 1980

Tömel-Plötz, Senta: **Gewalt durch Sprache**. Die Vergewaltigung von Frauen in Gesprächen. Frankfurt 1984

Unger, Hans-Peter und Kleinschmidt, Carola: **Bevor der Job krank macht**. Wie uns die heutige Arbeitswelt in die Erschöpfung treibt und was man dagegen tun kann. München 2006

Voss, Jutta: **Das Schwarzmondtabu**. Die kulturelle Bedeutung des weiblichen Zyklus. Frankfurt 1987

Watzlawick, Paul, Weakland, John H. und Fisch, Richard: **Lösungen**. Zur Theorie und Praxis menschlichen Wandels. Bern 1975

Wellershoff, Marianne (Hg.): **Ich schaff das schon**. Krisen überwinden, Stress reduzieren, zu Hause wohlfühlen. München 2021

Wilkinson, Richard und Pickett, Kate: **Gleichheit ist Glück**: Warum gerechte Gesellschaften für alle besser sind. Berlin 2010

Willers, Anke: **Ich bin eine weibliche Suchmaschine**. Alltag mit Kindern. Kreuzlingen/München 2008

Wilson Schaef, Anne: **Weibliche Wirklichkeit**. Frauen in der Männerwelt. München 1981

Wingarten, Susanne und Bruhns, Annette (Hg.): **Das Glück der Gelassenheit**. Entspannt und ausgeglichen in Alltag, Liebe und Beruf. München 2018

Zykunov, Alexandra: »**Wir sind doch längst alle gleichberechtigt!**«. 25 Bullshitsätze und wie wir sie endlich zerlegen. Berlin 2022

Artikel

Allmendinger, Jutta: **Welche Werte sollen bleiben?** 2023. https://www.zeit.de/2023/22/vermaechtnisstudie-kinder-familie-arbeit (letzter Zugriff: 7.7.2023)

Aponet: **Warum Männer Aufgaben im Haushalt nicht sehen.** 2023. https://www.aponet.de/artikel/warum-maenner-aufgaben-im-haushalt-nicht-sehen-28149 (letzter Zugriff: 7.7.2023)

Armbruster; Kirsten: **Matrifokalität.** 2023. https://herstory-history.com/grundlagen/definitionen/matrifokalitaet (letzter Zugriff: 7.7.2023)

Becker, Tobias: **Wir müssen weg von der Vergütung pro Stunde.** 2022. https://www.spiegel.de/kultur/barbara-prainsack-zukunft-der-arbeit-wir-muessen-weg-von-der-verguetung-pro-stunde-a-c9d98977-97fb-42aa-9c9b-66d74160401f (letzter Zugriff: 7.7.2023)

Berg, Sibylle: **Wir machen uns die kurze Zeit auf der Welt zur Hölle.** 2022. https://www.spiegel.de/kultur/gesellschaftliche-verwerfungen-wir-machen-uns-die-kurze-zeit-auf-der-welt-zur-hoelle-kolumne-a-59368ea0-19a3-478e-9451-af38b8e52f6e (letzter Zugriff: 7.7.2023)

Berger, Nadia: **Die Arbeit, die Männer nicht sehen.** 2022. https://www.beobachter.ch/gesundheit/psychologie/mental-load-die-mentale-last-standig-an-alles-zu-denken-und-warum-das-vor-allem-frauen-belastet-554483 (letzter Zugriff: 7.7.2023)

Berner, Jelena: **Weniger arbeiten, mehr leben.** 2022. https://www.spiegel.de/karriere/teilzeit-weniger-arbeiten-mehr-leben-podcast-a-8ee68547-2177-4472-8184-02379a878e8e?utm_source=newsshowcase&utm_medium=discover&utm_campaign=CCwqFwgwKg8IACoHCAowydjaAjDA_BswjM1bMO3WZw&utm_content=bullets (letzter Zugriff: 7.7.2023)

Bieber, Friederike: **Das Dorf in der Stadt.** 2023. https://www.zeit.de/zeit-magazin/familie/2023-03/kindererziehung-partnerschaft-familie-alltag-organisation/komplettansicht (letzter Zugriff: 7.7.2023)

Bieber, Friederike: **Wie ein Alien mit Baby.** 2023. https://www.zeit.de/zeit-magazin/familie/2023-05/trennung-kleinkind-beziehung-krise-loesung/komplettansicht (letzter Zugriff: 7.7.2023)

Block, Per: **Bezahlung wird schlechter**: Männer verlassen Berufe mit wachsendem Frauenanteil. 2023. https://www.mdr.de/wissen/genderforschung-warum-verlassen-maenner-berufe-mit-frauen-100.html (letzter Zugriff: 7.7.2023)

BMFSFJ: **Memorandum Familie leben.** 2009. https://www.bmfsfj.de/resource/blob/94314/d32bb4672cedb084e27439102a570575/memorandum-familie-leben-data.pdf (letzter Zugriff: 7.7.2023)

Boeing, Niels, Hartmann, Corinna und Stillich, Sven: **Die Gesetze des glücklichen Wohnens**. 2022. https://www.zeit.de/zeit-wissen/2022/06/wohntipps-nachbarschaft-wohnraum-haeuslichkeit (letzter Zugriff: 7.7.2023)

Boeing, Niels, Hartmann, Corinna und Stillich, Sven: **Die Gesetze des glücklichen Wohnens II**. 2023. https://www.zeit.de/zeit-wissen/2023/01/wohnbeduerfnisse-zuhause-zusammenziehen-wohnungsmarkt-tageslicht (letzter Zugriff: 7.7.2023)

Bönke, Timm und Glaubitz, Ritz: **Wer gewinnt? Wer verliert?** Die Absicherung von Lebenseinkommen durch Familie und Staat. Freie Universität Berlin. Bertelsmann Stiftung, Gütersloh April 2022. https://www.bertelsmann-stiftung.de/de/publikationen/publikation/did/wer-gewinnt-wer-verliert-all-1 (letzter Zugriff: 7.7.2023)

Brehm, Uta, Huebener, Mathias und Schmitz Sophia: **15 Jahre Elterngeld**: Erfolge, aber noch Handlungsbedarf. 2022. https://www.bib.bund.de/Publikation/2022/pdf/15-Jahre-Elterngeld-Erfolge-aber-noch-Handlungsbedarf.pdf?__blob=publicationFile&v=2 (letzter Zugriff: 7.7.2023)

Burbach, Regina: Gut› Nacht – **Zwischen Müdigkeit und Schlaf**. 2023. https://www.swr.de/swr2/leben-und-gesellschaft/gut-nacht-zwischen-muedigkeit-und-schlaf-swr2-leben-2022-12-19-100.html (letzter Zugriff: 7.7.2023)

Ehrmann, Johannes: **Zu Hause bin ich schon Boss**. 2023. https://www.zeit.de/zeit-magazin/familie/2023-01/familie-beruf-vater-faehigkeiten-chef-bewerbung (letzter Zugriff: 7.7.2023)

Eul, Alexandra: **Erst wollen sie ein Kind, dann kümmern sie sich um ihren Job**. 2023. https://www.zeit.de/zeit-magazin/familie/2023-05/vaeter-sorgearbeit-kind-elternvertrag (letzter Zugriff: 7.7.2023)

Fleckenstein, Petra: **Die 10 wichtigsten Eigenschaften einer guten Mutter**. 2023. https://www.urbia.de/magazin/familienleben/muetter/die-10-wichtigsten-eigenschaften-einer-guten-mutter (letzter Zugriff: 7.7.2023)

Fratzscher, Marcel und Wrohlich, Katharina: **Raus aus der Teilzeitfalle und Ungleichheit bei der Carearbeit**. 2023. https://www.zeit.de/wirtschaft/2023-04/gender-care-gap-sorgearbeit-teilzeit (letzter Zugriff: 7.7.2023)

Fratzscher, Marcel: **Auch beim Sparen gibt es einen erstaunlichen Gendergap**. 2022. https://www.zeit.de/wirtschaft/2022-11/sparen-vorsorge-absicherung-frauen (letzter Zugriff: 7.7.2023)

Fratzscher, Marcel: **Das größte Potenzial auf dem Arbeitsmarkt sind die Frauen**. 2022. https://www.zeit.de/wirtschaft/2022-08/

fachkraeftemangel-erwerbstaetigkeit-frauen-arbeitsmarkt-rente (letzter Zugriff: 7.7.2023)

Fratzscher, Marcel: **Deutschland sollte die Viertagewoche ausprobieren**. 2023. https://www.zeit.de/wirtschaft/2023-05/arbeitszeit-viertagewoche-versuch-arbeitgeber-studien (letzter Zugriff: 7.7.2023)

Fratzscher, Marcel: **Die Lohnlücke ist ein Armutszeugnis für Deutschland**. 2023. https://www.zeit.de/wirtschaft/2023-02/gender-pay-gap-einkommen-ungleichheit-sexismus-gleichberechtigung (letzter Zugriff: 7.7.2023)

Fratzscher, Marcel: **Midijobs sind ein Irrweg**. 2023. https://www.zeit.de/wirtschaft/2023-03/einkommen-midijobs-foerderung-bundesregierung (letzter Zugriff: 7.7.2023)

Gralla, Thomasz: **Studie behauptet: Männer verursachen 7 Stunden mehr Hausarbeit**. 2021. https://www.maennersache.de/studie-behauptet-maenner-verursachen-7-stunden-mehr-hausarbeit-40290.html (letzter Zugriff: 7.7.2023)

Hank, Karsten: **Wie teilen sich Männer und Frauen die Arbeit im Haushalt?** 2022. https://www.beziehungen-familienleben.de/ergebnisse/wie-teilen-sich-maenner-und-frauen-die-arbeit-im-haushalt/ (letzter Zugriff: 7.7.2023)

Hipp, Lena: **Unsichtbare Hürden**. 2023. https://www.zeit.de/2023/22/frauen-familie-beruf-ungleichheit-vermaechtnisstudie (letzter Zugriff: 7.7.2023)

Hoffman, Heiner: **Was ist anders, wenn Frauen die Entscheidungen treffen?** 2022. https://www.spiegel.de/ausland/matriarchat-in-guinea-bissau-frieden-dank-frauen-a-0251daa0-6d28-4151-ba2e-3e0f43c735fa (letzter Zugriff: 7.7.2023)

Hoffman, Maren: **Die Problemzonen der neuen Arbeitswelt**. 2022. https://www.spiegel.de/karriere/homeoffice-arbeitszeit-chancengleichheit-die-problemzonen-der-neuen-arbeitswelt-a-a3dbc411-0c62-44f2-8bfe-226a6c69475f (letzter Zugriff: 7.7.2023)

Jeschke, Anne: **Fördert endlich mal die Väter!** 2023. https://www.zeit.de/arbeit/2023-05/elternzeit-vater-karriere-gleichstellung (letzter Zugriff: 7.7.2023)

Kölling, Martin: **Geburtenrate auf Rekordtief:** Japan erhöht die Kinderförderung drastisch. 2023. https://www.nzz.ch/international/geburtenrate-auf-rekordtief-japan-erhoeht-die-kinderfoerderung-drastisch-ld.1742347 (letzter Zugriff: 7.7.2023)

Kolosowa, Wlada: **Vätergehirne müssen den Vorsprung erst aufholen**. 2023. https://www.zeit.de/entdecken/2023-01/eltern-kind-beziehung-vaeter-bindung (letzter Zugriff: 7.7.2023)

Kramper, Gernot: **Cambridge-Studie erklärt, warum Männer sich vor Hausarbeit drücken.** 2022. https://www.stern.de/panorama/wissen/cambrige-studie--warum-maenner-sich-vor-hausarbeit-druecken--33049468.html (letzter Zugriff: 7.7.2023)

Kramper, Gernot: **Untersuchung beweist: Männer sehen Schmutz genauso wie Frauen, sie putzen trotzdem nicht.** 2019. https://www.stern.de/digital/technik/untersuchung-beweist--maenner-sehen-schmutz-genauso-wie-frauen--sie-putzen-trotzdem-nicht-8889662.html (letzter Zugriff: 7.7.2023)

Kühn, Astrid: **Das bisschen Haushalt?** Care-Arbeit ist Milliarden wert. 2023. https://www.ndr.de/nachrichten/info/Das-bisschen-Haushalt-Care-Arbeit-ist-Milliarden-wert,weltfrauentag238.html (letzter Zugriff: 7.7.2023)

Lobrecht, Maria: **Und trotzdem bin ich eine gute Mutter.** 2023. https://blogs.faz.net/schlaflos/2023/02/07/und-trotzdem-bin-ich-eine-gute-mutter-11138/ (letzter Zugriff: 7.7.2023)

Luig, Judith: **Das Ende der Kernfamilie.** 2020. https://www.zeit.de/gesellschaft/familie/2020-03/familienmodelle-standardmodell-patchwork-homoehe-adoptionsrecht/komplettansicht (letzter Zugriff: 7.7.2023)

Magoley, Nina: **Studie sieht Kinder als Hürde für Gleichstellung.** 2023. https://www1.wdr.de/nachrichten/studie-kinder-hindernis-gleichstellung-100.html (letzter Zugriff: 7.7.2023)

Monecke, Nina: **Die unsichtbare Last der Frauen.** 2023. https://www.zeit.de/gesellschaft/2023-05/vermaechtnisstudie-ungleichheit-geschlechter-elternzeit-mental-load (letzter Zugriff: 7.7.2023)

Morawietz, Holger: **Durchschnittliche Ehedauer:** Wann Ehen in Deutschland scheitern. 2023. https://m.focus.de/familie/durchschnittliche-ehedauer-wann-ehen-in-deutschland-oft-scheitern_id_162695773.html (letzter Zugriff: 7.7.2023)

Müller, Salome: **Die Hälfte der Männer wehrt Veränderungen ab**. 2023. https://www.zeit.de/gesellschaft/2023-06/markus-theunert-maenner-toxische-maennlichkeit (letzter Zugriff: 7.7.2023)

Nier, Hedda: **So ungleich ist Hausarbeit verteilt**. 2019. https://de.statista.com/infografik/15857/verteilung-von-hausarbeit-bei-maennern-und-frauen/ (letzter Zugriff: 7.7.2023)

Novotny, Rudi: **Kinder? Nicht so wichtig!** 2023. https://www.zeit.de/2023/22/elternschaft-kinder-stellenwert-vermaechtnisstudie/komplettansicht (letzter Zugriff: 7.7.2023)

Paus, Lisa: **Familienleben und Familienpolitik in Ost- und Westdeutschland.** 2022. https://www.bmfsfj.de/newsletter/bmfsfj/198760 (letzter Zugriff: 7.7.2023)

Pennekamp, Johannes: **Warum Millionen Deutsche dem Arbeitsmarkt fernbleiben.** 2023. https://www.faz.net/aktuell/wirtschaft/millionen-deutsche-bleiben-dem-arbeitsmarkt-fern-18635105.html (letzter Zugriff: 7.7.2023)

Petter, Jan: **Finnische Väter verbringen heute mehr Zeit mit ihren Kindern als ihre Frauen.** 2022. https://www.spiegel.de/ausland/gleichberechtigung-in-finnland-vaeter-verbringen-heute-mehr-zeit-mit-ihren-kindern-als-ihre-frauen-a-8296fbcd-208d-4d3d-976f-87c8633d7819 (letzter Zugriff: 7.7.2023)

Plan International: **Spannungsfeld Männlichkeit.** 2023. https://www.plan.de/presse/umfragen-und-berichte/spannungsfeld-maennlichkeit.html (letzter Zugriff: 7.7.2023)

Prüfer, Tillmann: **Hauptsache, das Kind ist glücklich.** 2023. https://www.zeit.de/zeit-magazin/2023/25/kindheit-glueck-forschung-praegung-erziehung/komplettansicht (letzter Zugriff: 7.7.2023)

Radisch, Iris: **Der Preis des Glücks.** 2023. https://www.zeit.de/2023/24/kinderkriegen-frauen-gleichberechtigung-vereinbarkeit-beruf-familie-iris-radisch?dicbo=v2-crtyBtw (letzter Zugriff: 7.7.2023)

Rosales, Caroline: **Mama muss sich ausruhen, sonst passiert ein Unglück.** 2022. https://www.zeit.de/zeit-magazin/familie/2022-12/mutterschaft-braeuche-mama-erschoepfung-raunaechte (letzter Zugriff: 7.7.2023)

Rost, Katja: **Zugespitzt lautet die Einstellung heute: Eine Frau kann Karriere machen, ein Mann muss es.** 2023. https://www.zeit.de/2023/21/frauen-gleichstellung-professur-frauen-karriere-katja-rost/seite-2 (letzter Zugriff: 7.7.2023)

Scherkamp, Hannah: **Gerade Besserverdienende üben finanzielle Gewalt aus.** 2023. https://www.zeit.de/arbeit/2023-05/finanzielle-gewalt-frauen-geld-partnerschaft-beziehung (letzter Zugriff: 7.7.2023)

Schlender, Alicia und Evcil, Sevda: **Elternschaft rechtlich neu denken**: Mitmutterschaft, Verantwortungsgemeinschaft und Kleines Sorgerecht. 2023. https://www.boell.de/de/publikationen (letzter Zugriff: 7.7.2023)

Schnell, Tatjana: **Kann ich meine Eltern für mein Unglück verantwortlich machen?** 2022. https://www.zeit.de/sinn/2022-10/erziehung-eltern-besser-leben (letzter Zugriff: 7.7.2023)

Schöps, Corinna: **Mut zur Gruppe.** 2023. https://www.zeit.de/2023/06/therapieplatz-psychotherapie-wartezeiten-depressionen-gruppentherapie (letzter Zugriff: 7.7.2023)

SevenOne Media: **Trendreport Männer.** 2022. https://www.seven.one/documents/924471/1111508/TrendReport_Maenner.pdf/c6940495-e8c0-8641-572f-85a6b74bcbeb (letzter Zugriff: 7.7.2023)

Theißl, Brigitte: **Armut von Frauen:** Wenn man sich das Leben nicht mehr leisten kann. 2022. https://www.derstandard.at/story/2000135112832/armut-von-frauen-wenn-man-sich-das-leben-nicht-mehr?utm_source=pocket-newtab-global-de-DE (letzter Zugriff: 7.7.2023)

Theunert, Markus: **Patriarchat frisch legitimiert.** 2023. https://taz.de/Psychologe-ueber-Maennlichkeit/!5938867/ (letzter Zugriff: 7.7.2023)

Tlusty, Ann-Kristin: **Selfcare ist auch nur eine feuchtigkeitsspendende Ideologie.** 2023. https://www.zeit.de/zett/2023-06/selfcare-psychologie-ideologie-arbeit (letzter Zugriff: 7.7.2023)

Uhlmann, Gabriele: **Patriarchat** – Definition, Geschichte und Symptome. 2023. https://blog.gabriele-uhlmann.de/patriarchat (letzter Zugriff: 7.7.2023)

Uhrig, Stefanie: **Auch Väter haben Baby Blues.** 2023. https://www.doccheck.com/de/detail/articles/41630-auch-vaeter-haben-baby-blues?utm_source=DC-Newsletter&utm_medium=email&utm_campaign=DocCheck-News_2023-01-26&utm_content=asset&utm_term=article&dcuid=325513247&sc_src=email_3268754&sc_lid=ZQlsNsI8y7&sc_uid=d1619110fa91bbc21&sc_llid=50867&sc_eh= (letzter Zugriff: 7.7.2023)

Unsleber, Steffi: **Warum der Staat das traditionelle Familienmodell nicht fördern sollte.** 2023. https://www.zeit.de/arbeit/2023-03/elterngeld-reform-traditionelle-familie-kinder-arbeitsteilung/komplettansicht (letzter Zugriff: 7.7.2023)

Utopia-Team: **Einsamkeit bekämpfen:** Experten erklären, wie sich Nachbar:innen helfen. 2022. https://utopia.de/ratgeber/einsamkeit-bekaempfen-experten-erklaeren-wie-sich-nachbarinnen-helfen/ (letzter Zugriff: 7.7.2023)

Wilke, Felicitas: **Eine Trennung wäre einfacher, hätten wir beide ein eigenes Konto.** 2023. https://www.zeit.de/geld/2023-05/gemeinsames-konto-beziehung-geld (letzter Zugriff: 7.7.2023)

Wilkens, Katrin: **Ich war zehn Jahre lang zu Hause – wie finde ich wieder ins Arbeitsleben?** 2022. https://www.spiegel.de/karriere/zehn-jahre-lang-zu-hause-wie-finde-ich-wieder-ins-arbeitsleben-a-cd6d74bd-ba85-434b-ac0b-8d97a4f588e6?utm_source=newsshowcase&utm_medium=discover&utm_campaign=CCwqFwgwKg8IACoHCAowydjaAjDA_Bsw44pcMKmZaA&utm_content=bullets (letzter Zugriff: 7.7.2023)

Mütter als selbstbestimmte Akteurinnen ihrer Geldbiografie

Kluge Analysen, anschauliche Beispiele und inspirierende Reflexionsimpulse in diesem Buch schaffen ein neues Geldbewusstsein und mehr finanzielle Sicherheit.

KÖSEL
www.koesel.de

Entlastend, erhellend und ermutigend!

»Dieses Buch packt das Narrativ der ›guten Mutter‹ am Nackenfell und schüttelt alle Mythen, Unwahrheiten und falschen Erwartungen aus ihm heraus.«
Marlene Hellene, Bestseller-Autorin und Kolumnistin